CÓMO LOGRAR QUE LA GENTE ESTÉ DE SU LADO

CÓMO LOGRAR QUE, LA GENTE ESTÉ DE SU LADO

Su guía para encontrar **refuerzos** que le ayuden a alcanzar sus metas

HEIDI GRANT

TALLER DEL ÉXITO

Publicado por:
Taller del Éxito, Inc.
1669 N.W. 144 Terrace, Suite 210
Sunrise, Florida 33323
Estados Unidos
www.tallerdelexito.com

Editorial dedicada a la difusión de libros y audiolibros de desarrollo y crecimiento personal, liderazgo y motivación.

Diagramación: Joanna Blandon
Diseño de caratula: Diego Cruz
Ccorrección de estilo: Nancy Camargo Cáceres

ISBN: 978-1607385882

Printed in Mexico
Impreso en México

20 21 22 23 24 ❖|MF 05 04 03 02 01

Contenido

PARTE UNO

Pedir ayuda
es lo peor

Capítulo 1

Nos hace sentir mal

"Levante la mano si alguna vez usted ha tenido que pedir ayuda en el trabajo o en su casa.

Levante la mano si alguna vez le ha dado vergüenza o si se ha sentido estúpido al hacerlo.

Pienso que podemos asumir con total certeza que casi todos estamos levantando y agitando nuestras manos con fuerza".

—Alina Tugend, "¿Por qué pedir ayuda es tan difícil?", *New York Times*, julio 2 de 2007

"De hecho, me sentí como si estuviera a punto de morir".

—Sicólogo Stanley Milgram al pedirle la silla a un pasajero del metro

Vanessa Bohns es profesora de comportamiento organizacional en la Universidad de Cornell y junto a su colaborador frecuente, Frank Flynn, en Stanford, ha estudiado durante años la forma en que la gente pide ayuda o, siendo más específicos, por qué somos tan reacios a hacerlo.

Con frecuencia, sus estudios implican instruir a los participantes para que se aproximen a varios extraños a pedirles favores que suelen ser simples: contestar una encuesta corta, dar indicaciones para llegar a un edificio específico en el campus, prestar el teléfono celular un momento. No se trata de pedir grandes sumas de dinero, ni una donación de sangre, ni mucho menos un primogénito. Sin embargo, como lo describe Bohns: "Tan pronto les decimos a todos nuestros participantes en estos estudios [lo que tienen que hacer], es evidente su reacción de miedo, ansiedad y temor. El ambiente cambia por completo. Eso es lo peor que se nos podría ocurrir solicitarles"[1].

Por malo que parezca hacer parte de uno de los experimentos de Bohns, lo cierto es que estos no son nada en comparación con los "estudios del metro" de Stanley Milgram en la década de 1970. (Tal vez, usted lo recuerde como el controvertido sicólogo cuyos estudios tan famosos —que involucraban que los participantes le dieran a otra persona los que al parecer eran choques mortales— cambiaron para siempre nuestro concepto de obediencia a la autoridad. Fue apenas obvio que no era para nada agradable hacer parte de *ninguno* de sus experimentos).

Un día, después de escuchar a su anciana madre quejarse de que nadie en el metro le había ofrecido su silla, Milgram se preguntó qué pasaría si uno se decidiera a *pedirle* la silla a un pasajero del metro. Entonces, reunió a sus estudiantes de postgrado para averiguarlo. Los instruyó para que se subieran a trenes llenos en la Ciudad de Nueva York y que les pidieran la silla a personas al azar. La buena noticia es que el 68% de las personas cedió de manera voluntaria sus sillas cuando se les solicitó hacerlo. La mala noticia es que participar en el estudio fue, hasta el día de hoy, una de las peores y más traumáticas experiencias en la vida de sus estudiantes. Una estudiante, Kathryn Krogh, sicóloga clínica, recordó sentirse mal del estómago la primera vez que se acercó a un pasajero. Otro estudiante (y antiguo profesor mío), Maury Silver, solo logró hacer la petición una vez: "Empecé a pedirle la silla a un hombre. Desafortunadamente, me puse pálido y estaba a punto de desmayarme, tanto que él corrió a sentarme en su silla"[2].

Milgram, un poco escéptico al no entender todo el alboroto, decidió intentar por sí mismo pedirle la silla a alguien en el metro y lo sorprendió la magnitud de su incomodidad al hacerlo. Tan paralizado de miedo estaba que tuvo que hacer varios intentos solo para lograr hablar. "Al tomar la silla de aquel hombre, me sentí abrumado por la necesidad de comportarme de tal manera que justificara mi solicitud", comentó. "Mi cabeza colgaba entre mis rodillas. Me sentía cada vez más pálido. No estaba jugando. En realidad, sentí que iba a morir"[3].

Aunque la idea de pedir así sea una pequeña ayuda hace que casi todos nos sintamos terriblemente incómodos, la realidad es que en el modelo de trabajo actual dependemos más que nunca de la cooperación y el apoyo de los demás. Nadie tiene éxito por sí solo, ya sea que esté desempeñando un cargo para principiantes o uno gerencial o de alto rango. Equipos multifuncionales, ágiles técnicas de gestión de proyectos y estructuras organizacionales matriciales o de menor jerarquía implican que, en el mundo laboral de hoy, todos estemos aportando más y, con regularidad, tenemos que pasar por la pequeña agonía de pedirle a la gente que nos ayude. Y no estoy hablando tan solo de recibir ayuda de colegas y compañeros. Si usted es líder, también debe descubrir cómo pedir y coordinar un comportamiento colaborador y de apoyo del equipo de trabajo al cual usted lidera. Es discutible, pero podría decirse que es de eso de lo que se *trata* el liderazgo.

Sin embargo, nuestra reticencia a pedir ayuda significa que, a menudo, no recibimos todo el apoyo o los recursos que solicitamos. Y para empeorar la situación, nuestras percepciones sobre qué hace que quienes nos rodean sean más propensos a ayudarnos suelen ser equivocadas. Nuestra forma torpe y pesarosa de pedir ayuda hace que la gente sea mucho *menos* propensa a querer ayudarnos. Odiamos imponerles algo y luego, sin darnos cuenta, hacemos que los demás sientan que estamos imponiendo.

Hay una paradoja inherente al hecho de *pedirle* ayuda a alguien: aunque la ayuda gratuita y entusiasta hace que la persona que ayuda se sienta bien, los investigadores han descubierto que los beneficios emocionales de brindar ayuda desaparecen cuando las personas se sienten controladas, cuando se les *instruye* para que ayuden, cuando creen que *deben* ayudar o cuando sienten que no tienen *otra opción* que ayudar[4].

En otras palabras, el sentido de decisión propia —de que uno está ayudando porque *quiere*— es esencial para obtener los beneficios sicológicos de brindar apoyo. Cuando alguien no quiere ayudar, no obtiene nada, excepto terminar de prestar su colaboración tan pronto como sea posible y con el menor esfuerzo. Y este simple hecho —más que cualquier otro— es la razón por la que quise escribir este libro.

Nadie logra nada solo. Todos necesitamos gente que nos apoye, nos haga favores, nos ayude y nos respalde. Y quizá, la gente quiera ayudarnos más de lo que pensamos. Pero en muchos casos, pedimos ayuda de formas que hacen que nuestros colaboradores se sientan controlados en vez de brindarles lo que ellos necesitan para que de verdad sientan que *quieren* ayudarnos —y para que hacerlo les parezca gratificante.

¿Por qué no habrían de sentirse mejor consigo mismos y con el mundo quienes están dispuestos a colaborar? En mi opinión, les debemos ese gusto. Si usted va a pedirle a alguien que use su valioso tiempo y esfuerzo para beneficiarlo a usted, lo menos que usted puede hacer es garantizarle que esa ayuda que le prestará hará que él/ella se sienta mejor, no peor.

Pero saber cómo lograr que la gente quiera dar lo mejor de sí —y asegurarnos de que se beneficie al máximo por habernos ayudado— no es un conocimiento con el que nacemos. Como verá en los siguientes capítulos, lograr que otros hagan con entusiasmo lo que usted necesita en respuesta a su solicitud requiere de crear el entorno adecuado y de pedir ayuda de tal manera que los demás quieran apresurarse a ayudarnos.

Por lo general, un refuerzo se define como la acción o el proceso de *fortalecer*. Pero Google ofrece estas dos definiciones más específicas:

1. Personal extra enviado para aumentar la fuerza de un ejército o fuerza similar.

2. El proceso de alentar o establecer una creencia o patrón de conducta, sobre todo, mediante estimulación o recompensa.

La idea del "personal extra" requerido para terminar un trabajo es en esencia la necesidad básica que cubre este libro. Alcanzar su máximo potencial —ya sea profesional o personal— requiere que usted entienda cómo pedir refuerzos cuando los necesite. Y para muchos de nosotros, "cuando los necesite" es todos los días, literalmente hablando.

La segunda noción —la de refuerzo como el establecimiento de un "patrón de conducta"— es el sentido más técnico en el que los sicólogos tienden a usar el término. B.F. Skinner fue famoso por considerar que el uso de refuerzos para lograr comportamientos específicos era *condicionamiento operante*. Y aunque los seres humanos no reaccionamos de la misma forma que las ratas y las palomas que Skinner estudió en su laboratorio, el principio general del condicionamiento operante —que sostiene que ciertas consecuencias o recompensas nos hacen más propensos a querer tener cierta conducta, tal como ayudar a otra persona que lo necesita— es certero.

Este libro está organizado en tres grandes partes. La primera, es un análisis profundo del porqué, la mayoría de las veces, detestamos pedir ayuda. El primer y mayor obstáculo en cuanto a esto es lograr superar ese temor que es casi universal. En esta sección, usted entenderá por qué nuestro miedo a pedir ayuda es tan erróneo y, sobre todo, cuándo y por qué subestimamos la probabilidad de encontrar el apoyo que necesitamos. Además, aprenderá por qué es inútil sentarse a esperar que la gente se *ofrezca* a ayudar.

En la segunda, explico cuáles son las formas correctas de pedir ayuda y presento las técnicas no solo para aumentar la posibilidad de que la gente quiera ayudar, sino también para que se sienta bien haciéndolo. Cubriremos los tipos de información básica que la gente necesita que usted le dé para poder prestarle ayuda de calidad. Aprenderá la diferencia vital entre *ayuda controlada* (cuando las personas sienten, por razones varias, que no tienen más opción que ayudarle) y *ayuda autónoma* (cuando el otro brinda ayuda auténtica y no forzada) y cómo la felicidad y el bienestar de quienes ayudan se ven afectados por la participación en cada uno de esos tipos de ayuda.

En la tercera parte, nos sumergiremos en las razones por las cuales los reforzantes (las personas) necesitan refuerzos (motivaciones). Veremos cómo el hecho de crear una idea de "nosotros" —al proporcionarles a quienes nos ayudan una forma de sentirse bien consigo mismos, junto con los medios para que su ayuda sea eficaz— es una forma esencial de refuerzo útil para obtener ayuda de calidad. Si yo fuera una profesional del estilo de Silicon Valley y no una sicóloga social de Nueva York, diría que esta sección del libro trata sobre cómo lograr que la ayuda escale, cómo reforzar el comportamiento colaborador que uno desea de forma que la gente a nuestro alrededor sea más útil sin necesidad de que se le solicite que lo sea.

La dura verdad es que, si usted no está recibiendo el apoyo que necesita de las personas que hacen parte de su vida, suele ser por su propia culpa. Suena duro, pero todos asumimos que nuestras necesidades y motivaciones son más obvias de lo que en verdad son y que lo que queríamos decir es justo lo que dijimos. Los sicólogos llaman a esto "la ilusión de la transparencia" y es tan solo eso: un espejismo. Es probable que usted no esté rodeado de holgazanes inútiles, sino de gente que no tiene ni idea de que usted necesita ayuda o de qué clase de ayuda requiere. La buena noticia es que este problema es muy fácil de solucionar. Con un poco de conocimiento, todos y cada uno de nosotros tendremos casi la certeza de obtener el apoyo que tanto necesitamos.

Durante una famosa entrevista de cuatro horas con Archive of American Television, Fred Rogers, el querido creador de programas infantiles, ofreció consejos sobre cómo ayudarles a los niños a entender y afrontar las cosas terribles que a veces pasan en el mundo. "Cuando era niño y veía cosas espantosas en las noticias, mi madre me decía: 'Busca ayudantes'. Siempre encontrarás gente que te ayude... Si buscas ayudantes, sabrás que hay esperanza'".

Además, existe un bello sentimiento que captura una verdad que es aún más bella: mucho más a menudo de lo que parece, los seres humanos estamos dispuestos a querer ayudar y apoyar a los demás. Y nuestra vida se enriquece en gran manera al hacerlo.

Al cerebro le duele

Por lo general, la gente hace todo lo posible para evitar tener que pedir un favor o una ayuda de cualquier tipo, incluso cuando tienen una necesidad 100% genuina. Mi padre fue parte de las innumerables legiones de hombres que preferían conducir por un pantano infestado de cocodrilos que pedir indicaciones sobre cómo volver a la ruta correcta, hecho que hacía que viajar con él fuera casi un riesgo en aquella época anterior a que los teléfonos de casi toda la gente tuvieran Google Maps. (Él negaba haberse equivocado de camino y prefería decir que "siempre había querido saber qué había en esa zona").

Para entender por qué pedir ayuda suele ser tan doloroso, resulta bastante conveniente analizar cómo funciona el cerebro humano. Con seguridad, usted estará familiarizado con frases como "me rompió el corazón" o "me dolió su rechazo". Tal vez, usted ha sentido en alguna ocasión que la crítica de otra persona le dolió como si le hubieran dado "un golpe en el estómago". Pues bien, una de las ideas más interesantes que han surgido del reciente campo de la neurociencia *social* es que nuestro cerebro procesa el dolor social —esa incomodidad que surge de nuestras interacciones con los demás— de la misma manera en que procesa el dolor físico de un calambre muscular o de un golpe en un dedo del pie. En otras palabras, esas frases retóricas encierran más verdad de la que pensamos.

Los estudios de la neurocientífica social de UCLA, Naomi Eisenberger, han demostrado que la experiencia del dolor tanto a nivel social como físico involucra un área del cerebro llamada el cortex del cíngulo anterior dorsal (dACC, según su sigla en inglés) el cual tiene la mayor densidad de receptores opioides —responsables de indicar el dolor y la recompensa— de todo el cerebro. Ser rechazado o tratado de manera injusta activa el dACC de la misma forma que un dolor de cabeza. Eisenberger, junto con su colaborador, Nathan DeWall, demostró que tomar 1.000 miligramos de Tylenol todos los días durante tres semanas daba como resultado un dolor social muchísimo menor en comparación con un grupo de control que tomó un placebo. El hecho de tomar un analgésico había hecho que los participantes fueran menos sensibles a las experiencias de rechazo del día a día. Quedó claro que es posible tratar de forma simultánea tanto el dolor de corazón como la resaca. (No sé por qué razón todavía nadie está comercializando ibuprofeno con este propósito).

Pero ¿por qué el cerebro humano procesa una ruptura amorosa igual que un brazo roto? Porque el dolor, tanto físico como social, es una señal importante en nuestra lucha por la supervivencia. Nos alerta de que algo está mal, que acabamos de afectar nuestro cuerpo o nuestras conexiones con otros. Y a lo largo de la mayor parte de la Historia, estos dos aspectos han sido esenciales para mantenernos vivos. Como escribe Matt Lieberman, otro neurocientífico social de UCLA (esposo de Eisenberger y su colaborador frecuente) en su fascinante libro *Social*: "El amor y el sentido de pertenencia parecen dos emociones de las que podríamos prescindir, pero nuestra biología está basada en un gran anhelo de hacer conexión, porque tiene que ver con nuestras necesidades de supervivencia más básicas"[5].

Los bebés humanos nacen mucho más indefensos y dependientes que los hijos de otras especies de mamíferos. Y los humanos adultos, a pesar de nuestra inteligencia, no somos criaturas físicas descomunales en comparación con nuestros primos, los primates. Por eso, siempre hemos necesitado unirnos y cooperar con otros humanos para triunfar en el mundo. Entonces, experimentar el dolor social es la forma que tiene el cerebro para informarnos que estamos a punto de ser expulsados del grupo.

David Rock, Director de NeuroLeadership Institute, lleva años investigando y escribiendo sobre los tipos específicos de amenaza social que tienden a generar una respuesta de dolor —y todas las consecuencias desafortunadas que lo acompañan, como disminución de la memoria a corto plazo y desatención— en nuestras interacciones cotidianas con los demás[6]. Rock clasificó el producto de su investigación en cinco categorías principales.

Dolor por amenazas al *estatus*

El *estatus* se refiere al valor o al sentido de valor que usted tiene en relación con los demás. Es una medida de su posición en un grupo —ya sea que quienes lo rodean lo respeten o no—. Aunque no somos conscientes de ello, nuestro cerebro está ocupado comparándonos constantemente con quienes trabajamos y socializamos. (Las investigaciones sugieren que las personas nos proporcionamos recompensas de estatus al hacer lo que los sicólogos llaman una *comparación social descendente*, es decir, una comparación estratégica con alguien que esté en peores circunstancias que las nuestras, pues tendremos como resultado que nos sentiremos mejor con respecto a nosotros mismos). Cuando usted siente que sus amigos o colegas le han faltado al respeto, lo han refutado o ignorado, esto genera en usted una fuerte amenaza a su estatus.

Dolor por amenazas a la *certeza*

Los seres humanos tenemos un fuerte e innato deseo de predecir. Queremos saber qué está sucediendo a nuestro alrededor y, lo que es aún más importante, queremos saber qué *va a suceder* para así estar preparados para enfrentarlo (o incluso para huir, de ser necesario). Algunas de las mayores fuentes de estrés de la gente tanto en su vida personal como profesional giran en torno a la incertidumbre interpersonal de uno u otro tipo, como la falta de certeza de que la relación con la pareja durará o como cuando cada uno se pregunta si seguirá teniendo trabajo cuando su empresa se fusione con otra o cosas por el estilo.

Dolor por amenazas a la *autonomía*

Junto con el deseo de predecir viene el deseo de *controlar*. Obviamente, no es suficiente saber qué va a pasar si usted no puede manejarlo de forma eficaz. Los sicólogos han argumentado durante mucho tiempo que la necesidad de *autonomía* —de sentir que es posible elegir y la capacidad de actuar de acuerdo con esa elección— es una de las necesidades básicas que nos caracterizan a todos los seres humanos. Cuando nos sentimos fuera de control, no solo experimentamos dolor momentáneo, sino que, si el sentimiento se prolonga, tendemos a tener períodos de depresión con efectos debilitantes.

Dolor por amenazas a la *interrelación*

El acto de interrelacionarse se refiere al sentido de pertenencia y conexión que tenemos con los demás. Se diría que es una de las fuentes más poderosas tanto de recompensa como de amenaza en el cerebro. Los sicólogos sociales han estudiado durante mucho tiempo nuestra sensibilidad hacia las amenazas en la interrelación, por ejemplo, el rechazo, y descubrieron que incluso casos de rechazo triviales pueden tener profundos efectos.

Tomemos como ejemplo el trabajo del sicólogo Kip Williams, quien usó un juego de computadora que él llama "Cyberball". Por lo general, durante sus estudios, un participante entra al laboratorio y William le explica que va a jugar a lanzar un balón virtual con otros dos jugadores en línea[7]. Su única actividad es "pasarse" el balón entre ellos durante determinado tiempo. Pero el juego está arreglado. Al principio, los tres jugadores se lo pasan entre sí, pero después, los dos jugadores en línea empiezan a pasarse el balón solo entre ellos y dejan al participante sujeto del estudio excluido por completo.

Lo más probable es que usted esté pensando: *"¿Qué importa? Solo es un estúpido juego que hace parte de un experimento sicológico"*. ¡Error! Quienes participan en los estudios de Williams suelen reportar caídas significativas en cuanto a sus sentimientos de interrelación, a sus estados de ánimo positivo e incluso en su autoestima. Se sienten *muy* descontentos ante el rechazo de los otros dos jugadores, es decir, en algo que, prácticamente, no es de importancia. Así de grande es el poder de una amenaza en la interrelación.

Dolor por amenazas a la *justicia*

Los seres humanos somos particularmente sensibles en lo referente a un trato equitativo, tanto, que estamos dispuestos a aceptar por voluntad propia resultados menos positivos (o negativos) en aras de la equidad. Mi ejemplo favorito de esta necesidad de justicia proviene de un paradigma que los sicólogos llaman *el juego del ultimátum.*

En la versión más común del juego, los jugadores participan en parejas y se les pide que se repartan el dinero entre ellos. El investigador selecciona el nombre de uno de ellos al azar y le pide que sea él o ella quien reparta el dinero. Entonces, el repartidor podrá quedarse con la cantidad de dinero que escoja y darle el resto a su compañero de juego. Pero su compañero también tiene un papel importante en el juego: aceptar o rechazar la oferta. Si la rechaza, *ninguno de los dos recibirá dinero.*

Desde una perspectiva puramente racional, incluso si el compañero de juego recibe menos que el repartidor, debería aceptarlo, porque recibir algo de dinero siempre es mejor que no recibir nada. Sin embargo, los estudios muestran que, cuando la distribución del dinero es desproporcionada (por ejemplo, si en el caso de tener $10 dólares, se reparten $9 y $1 en lugar de $5 y $5), casi siempre, el compañero que decide si toma el dinero o no prefiere rechazar la oferta aunque esto signifique que *ninguno* de los dos reciba dinero alguno. Cuando un resultado parece injusto, incluso si es lucrativo, la amenaza que este produce suele generar efectos sorprendentes.

Entonces, ahora que usted ya conoce los cinco tipos de amenaza social, es muy probable que ya haya descubierto por qué pedir ayuda es algo que a menudo evitamos hacer. Cuando alguien busca el apoyo de otra persona, se expone a la probabilidad de experimentar todos los cinco tipos de dolor social *al mismo tiempo*. Al hacerle una petición a otra persona, mucha gente, al menos, de manera inconsciente, siente que ha rebajado su estatus y que quedó expuesta al ridículo o al desprecio, sobre todo, cuando la petición de ayuda significa mostrar cierta falta de conocimiento o habilidad. Como usted no sabe cómo responderá la otra persona, su sentido de certeza disminuye. Y como no tiene otra opción que aceptar la respuesta del otro, sea cual sea, siente que parte de su autonomía también disminuye. Si el otro le dice que no, usted experimentará un rechazo personal, lo que genera una amenaza de interrelación. Y, por supuesto, eso "no" será justo.

Entonces, no es de extrañarnos que evitemos pedir ayuda como se evita una plaga. Hasta una plaga podría parecer menos peligrosa.

Para recordar

- A casi todos, la idea de pedir incluso una pequeña ayuda nos hace sentir terriblemente incómodos. Los científicos han descubierto que este hecho podría causar dolor tanto social como físico.

- Pedir ayuda es difícil. Nuestra forma torpe, rara y reticente de pedir ayuda tiende a producir un efecto indeseado y hace que sea menos probable que la gente nos ayude. Nuestra reticencia significa que es frecuente que no recibamos el apoyo o los recursos que necesitamos.

- Para mejorar nuestra manera de pedir ayuda, necesitamos entender los *refuerzos* —las pequeñas y sutiles señales que motivan a la gente a trabajar con nosotros, pues, cuando las entendemos, tenemos toda una gama de refuerzos— como aquella gente servicial que vendrá a rescatarnos.

Capítulo 2

Asumimos que nos dirán que no

El grado de agonía que sentimos al pedir ayuda depende, en parte, de la probabilidad de que la gente rechace nuestra solicitud. Y cuando se trata de descubrir cuál es esa probabilidad, bueno, suele ocurrir que estamos muy equivocados.

Vanessa Bohns no les propone a los participantes en su investigación que les pidan favores a extraños solo por divertirse viéndolos sufrir. Lo hace para tratar de entender un fenómeno desconcertante: las personas subestiman por mucho la probabilidad de que otros acepten su solicitud directa de ayuda.

Antes de enviarlos a su misión en busca de ayuda, Bohns les pide a los participantes que traten de adivinar qué porcentaje de los extraños a los que van a acercarse aceptará ayudarles (o en algunas versiones, les pregunta a cuántas personas creen que tendrán que acercarse antes de que alguna les diga que sí). Después, compara ese número con el *real* y las diferencias suelen ser asombrosas.

En uno de sus estudios con su frecuente colaborador Frank Flynn, se les instruyó a varios estudiantes de pregrado de la

Universidad de Columbia para que le pidieran un favor a alguien que no conocieran. Siendo más específica, le solicitarían a extraños que llenaran un cuestionario en el cual se demorarían entre 5 y 10 minutos de su tiempo[1]. Los investigadores les pidieron a los encuestadores que calcularan a cuántas personas tendrían que acercarse para lograr completar cinco encuestas. Los encuestadores dijeron que a un promedio de 20. El número real fue a 10 personas. Luego, los investigadores repitieron el experimento con otras dos solicitudes: que le pidieran al extraño que les prestara su teléfono celular por un momento y que los acompañara al gimnasio del campus (que era muy cerca). Un patrón idéntico surgió en ambas ocasiones.

En otro estudio más, los investigadores hicieron que los encuestadores participaran en una especie de búsqueda del tesoro en el campus que requería que, con ayuda de un iPad, ellos les formularan a desconocidos preguntas tipo trivia con el fin de recibir puntos por cada respuesta correcta que obtuvieran[2]. Y además de subestimar el número de preguntas que la gente estaría dispuesta a responder (25 versus 49), los participantes también subestimaron el esfuerzo que tendrían que hacer en cuanto al número de respuestas correctas (19 versus 46) y al tiempo total que emplearían en esta tarea.

En otro estudio, que sí ocurrió en el mundo real, los investigadores les pidieron a nuevos voluntarios que estaban recaudando fondos para la Sociedad de Leucemia y Linfoma que calcularan el número de personas que necesitarían contactar para lograr su meta predeterminada de recaudar fondos y de cuánto sería la donación promedio que recibirían[3]. Los voluntarios calcularon que necesitarían contactar a 210 posibles donantes y que la donación promedio sería de $48,33 dólares. De hecho, solo tuvieron que contactar a 122 posibles donantes de quienes recibieron una donación promedio de $63,80 dólares.

En un artículo de revisión reciente, Bohns describió es
que realizó con colegas durante los cuales los participantes les pidieron diversos tipos de ayuda a más de 14.000 desconocidos en
total[4]. La conclusión fue que el porcentaje de gente que presta
ayuda en promedio se subestima en el 48%. En otras palabras,
existe casi el doble de probabilidad de la que nosotros creemos con
respecto a que los demás quieran ayudarnos.

Esto es cierto incluso cuando la solicitud de ayuda es grande,
irritante o quizás hasta ilegal. En un estudio, se les pidió a los participantes que fueran a la biblioteca de la universidad y les pidieran a desconocidos que escribieran con bolígrafo la palabra "pe-
pinillo" en una página de un libro de la biblioteca[5]. Tal vez, usted
se pregunte: *¿Quién haría eso?* Pues bien, el 64% de las personas a
las que se les solicitó esa ayuda. (Los desafortunados participantes
que tuvieron que pedirle a la gente que dañara los libros habían
dicho que solo el 28% estaría dispuesto a hacerlo).

Entonces, ¿qué nos muestran todas estas cifras? ¿Por qué quienes buscan ayuda subestiman tanto la probabilidad de recibirla?
Bohns y sus colegas sostienen que, en gran medida, se debe a una
falla de perspectiva. Cuando alguien que requiere ayuda calcula
la probabilidad de recibirla, solo se centra en lo inconveniente o
engorroso que esto será para la otra persona. Entre más incómoda
sea, menos probable será que alguien le preste esa ayuda. Y suena
bastante lógico, pero a ese cálculo le falta algo muy importante:
incluir el costo que le representa al ayudante en potencia decir que
no.

Piense en la última vez que alguien le pidió un favor y usted no
se lo hizo. ¿Cómo se sintió? Si asumimos que usted no odiaba a la
persona en cuestión, lo más seguro es que se sintió bastante mal,
¿no? Quizás, experimentó algo de vergüenza, pena o culpa. Incluso su autoestima pudo haber disminuido un poco. Después de

todo, a la mayoría nos preocupa ser buenas personas y las buenas personas son útiles, ¿verdad?

En resumen, los posibles ayudantes experimentan bastante presión sicológica e interpersonal para decir que sí nos prestarán ayuda. Y aunque no lo parezca, esta presión es alta para ellos y mucho menor para quienes la buscamos. En términos generales, no somos muy buenos para predecir el comportamiento de otras personas, porque no sabemos ponernos en sus zapatos de forma real. Aunque todos hemos sido útiles y hemos prestado ayuda, no siempre tomamos en cuenta la perspectiva de *otros* cuando más necesitamos hacerlo. Como Bohns lo describe: "Estamos tan enfocados en nuestro propio estado emocional y en nuestras preocupaciones que no nos ponemos a nosotros mismos en la mentalidad de aquellos a quienes les pedimos ayuda"[6].

Las solicitudes de ayuda que se hacen cara a cara son las más exitosas, en gran parte, por la incomodidad de decir no frente a frente, pues así, la incomodidad y la sensación de haber violado las normas sociales aumentan de manera exponencial. En cambio, las solicitudes indirectas, como cuando se hacen por correo electrónico, no causan el mismo grado de incomodidad. Sin embargo, quienes buscan ayuda no suelen tener esto en cuenta y, cuando se les pregunta, prefieren hacer solicitudes indirectas que directas[7].

Este efecto de subestimación de la ayuda existe en todo lado, pero es más marcado en culturas individualistas como las de los Estados Unidos y Europa Occidental, en comparación con culturas más colectivistas e interdependientes como las de Asia Oriental. Al parecer, la gente es más consciente de la incomodidad de decir que no en las culturas colectivistas, por eso, las personas calculan de una forma un poco más precisa la probabilidad de obtener la ayuda que buscan.

Pero esta no es solo una cuestión de probabilidades. Las investigaciones sugieren que también subestimamos la cantidad de *esfuerzo* que la gente debe hacer cuando acepta ayudarnos. Las normas sociales no solo nos indican que debemos ayudar, pues también se espera de nosotros que hagamos un buen trabajo. Al ignorar esto, quienes buscan ayuda no esperan que la gente se esfuerce tanto por ellos como normalmente lo hacen.

Esta es otra razón más por la cual la motivación para pedir ayuda no es la que debería ser. Durante mucho tiempo, los sicólogos han notado que nuestra motivación para hacer algo puede expresarse (en términos generales) en el siguiente modelo:

Motivación = expectativa de éxito

X valor de tener éxito

En otras palabras, su motivación para hacer cualquier cosa es función tanto de 1) la probabilidad de éxito que usted piense que tendrá y 2) cuánto obtendrá por ello.

En el caso de pedir ayuda, esta teoría sugiere que tener la motivación de solicitarla está relacionada tanto con la probabilidad de que nuestro ayudante nos diga que sí como con la calidad de la ayuda que uno piensa que recibirá. Y subestimamos *ambas*[8]. Si combinamos este doble error de cálculo con los cinco tipos de amenaza (abordados en el Capítulo 1) que una petición de ayuda podría causar, no es de extrañar que la mayoría de nosotros prefiera hacer las cosas solos.

La parte favorita de Bohns en sus experimentos ocurre al final, cuando sus participantes regresan al laboratorio después de haber estado pidiéndoles favores a extraños durante una hora: "Regresan al laboratorio todos sonrientes y sorprendidos de que aquella fuera una tarea tan fácil y se van pensando que la gente es súper útil y que el mundo es un lugar encantador"[9].

Cuando pienso en todos estos experimentos, veo que yo también he pasado por muchas de esas experiencias a lo largo de mi vida. Recuerdo la vez que un extraño me envió por correo mi billetera —con todo el dinero que llevaba en ella— tras dejarla caer en una acera de Manhattan. La vez que me salí del camino y caí en una zanja de nieve, lejos de cualquier lugar donde mi teléfono móvil tuviera señal, y un grupo de hombres que nunca antes había visto paró para ayudarme a sacar mi auto de la zanja. La vez que un transeúnte me vio cuando sacaba la basura y quedé acorralada por un mapache del tamaño de un osezno y él se tomó el trabajo de espantarlo. (No lo juzgue). Recuerdo que, en todas y cada una de esas veces, tuve una cálida sensación en mi interior. Estaba sorprendida y también fascinada de ver tanta bondad en quienes me ayudaron. Y en cada ocasión, el mundo pareció ser un lugar encantador.

La gente *quiere* ser útil. Claro, no todos, pero sí muchos más de los que nos imaginamos. Y si usted pide la ayuda que necesita, es muy probable que la encuentre e incluso reciba mucho más. Steve Jobs pensaba lo mismo. En 1994, unos años antes de regresar a Apple, siendo él uno de los hombres más exitosos de la Historia reciente, se refirió en una entrevista a por qué es tan importante pedir lo que uno necesita:

> "Siempre, he visto algo muy cierto: la mayoría de la gente no tiene esas experiencias porque nunca pide ayuda. Jamás, he encontrado a nadie que no haya querido ayudarme cuando se lo he pedido… ni a nadie que me haya dicho que no o que me haya colgado el teléfono cuando lo llamé. Sencillamente, les pregunté si me podían ayudar. Y cuando la gente me pide ayuda, yo trato de responder de igual manera para tratar de pagarle a la vida parte de esa deuda de gratitud. La mayoría de la gente nunca toma el teléfono y llama; la mayoría de gente nunca pide ayuda. Y a veces, eso

es lo que separa a aquellos que logran cosas de aquellos que solo sueñan con ellas"[10].

Subestimamos la buena disposición de quienes ya nos han dicho que no

Existe una categoría de personas a la que tendemos a subestimar aún más que a otras personas: se trata de quienes ya han rechazado una solicitud de ayuda de parte nuestra.

Antes, en este capítulo, manifesté que decirle no a una petición hace que muchos se sientan muy, muy incómodos. Una negación los hace sentirse malas personas, pues se supone que la gente se ayuda entre sí. Bueno, ahora imagínese lo incómodo que es rechazarle *dos* solicitudes a una misma persona.

Es fácil encontrar una justificación para decir que no una vez. Es por esto que los índices de ayuda no siempre son del 100%. Pensar que "*estoy demasiado ocupado*" o que "*hoy no me siento muy bien*" sirve una vez para aliviar la culpa, pero no para siempre. La segunda vez que alguien nos pide algo necesitamos una buena razón para decirle que no. De lo contrario, el sentimiento de "soy una mala persona" empieza a ser demasiado fuerte. Por esa razón, las investigaciones arrojan un panorama muy claro en este sentido: las personas que han rechazado una solicitud de ayuda inicial tienen mayores probabilidades de ayudar la segunda vez, no menores.

Échele un vistazo a la contraportada de este libro. ¿Ve las citas que aparecen en la portada? Esas citas son lo que la gente del mundo editorial llama "textos de contraportada". Los autores y editores les envían las primeras copias de los libros a personas influyentes en el medio en espera de obtener de ellos opiniones favorables que produzcan un efecto similar al de "todos deberían leer este libro porque es fantástico" y que luego puedan ser incluidas en las contraportadas o en la página de Amazon del libro.

Permítame admitir que detesto pedir textos de contraportada. Estoy segura de que todos los autores odian hacerlo. Y lo detesto por todas las razones por las que, por lo general, la gente odia pedir ayuda: porque me hace sentir avergonzada y vulnerable. Sin embargo, este libro que usted tiene en sus manos es el quinto que escribo. Entonces, como ya varias veces he tenido que solicitar estos textos de contraportada, hoy, puedo afirmar felizmente que cada vez se me hace más fácil pedirlos.

Con mi primer libro, fue casi una pesadilla para mí hacer esa labor de recolección de opiniones. Literalmente, le rogué a mi agente que no me obligara a hacer tal cosa. Estaba segura, tal como Bohns lo habría predicho, de que nadie aceptaría leerlo y mucho menos apoyarlo. Pero mi agente insistió y, al final (de nuevo, tal como Bohns lo habría predicho), la mayoría de las personas a las que les pedí el favor, sí lo leyó y casi todas dijeron muy buenas cosas sobre él.

Hubo una sola persona que me sorprendió de manera *negativa* —alguien que pensé que lo leería, porque tenemos un amigo en común y nos conocíamos un poco—. Él sí ignoró mi petición por completo. En el momento, el asunto me molestó. Sin embargo, terminé por olvidarlo, pero solo hasta que otra vez tuve que buscar textos de contraportada para mi *segundo* libro.

Mi agente me envió de nuevo a buscar a quién convencer, persuadir y rogarle. Entonces, me sugirió que hablara de nuevo con el individuo que me ignoró en esa ocasión y pensé que aquella era más que una mala sugerencia. *¿Por qué diablos habría de pedirle ayuda a ese tipo? Si no me ayudó en ese momento, ¿por qué iba a hacerlo ahora?* Lo cierto fue que lo contacté y escribió un texto increíble, tanto, que la generosidad de sus elogios me hizo sonrojar un poco. Y cuando lo pienso, vienen a mi mente muchas ocasiones en las que yo también he hecho algo similar, pues me he esforzado mucho más la segunda vez para compensar el hecho de haber sido demasiado egoísta, perezosa o despreocupada para ayudarle a alguien la primera vez que solicitó mi ayuda.

En aquel tiempo, yo no conocía mucho sobre la ciencia de buscar ayuda, así que no sabía lo equivocada que estaba. Por ejemplo, Daniel Newark, Frank Flynn y Vanessa Bohns realizaron un estudio en el que les dijeron a algunos estudiantes de la Universidad de Stanford que les pidieran a 15 extraños que anduvieran entre dos lugares del campus que, por favor, llenaran un cuestionario de una página. Entonces, sin tener en cuenta si estos transeúntes decían sí o no a la primera petición, los estudiantes tenían que hacerles una segunda solicitud. Esta vez, se trataba de pedirles que enviaran una carta.

Antes de que salieran, se le pidió a los estudiantes (que sin duda estaban asustados) que calcularan cuál iría a ser el porcentaje de personas que diría que sí a la segunda solicitud, en caso de que les hubieran dicho que no a la primera. Ellos calcularon que en ese caso, solo el 18% aceptaría enviar la carta, pero la realidad fue que el 43% aceptó hacerlo. En general, las respuestas positivas a la segunda solicitud de ayuda fueron *mayores* que a la primera. Esto indica que a nadie le gusta quedar como un imbécil dos veces. Con una ya es suficiente.

Una conocida táctica de ventas, llamada la técnica de "la puerta en la cara", se basa en esta misma percepción[11]. La idea de esta técnica es muy simple: pida algo tan difícil o descabellado que sepa que la otra persona le dirá que no. Luego, haga una solicitud mucho más cercana a lo que usted realmente quiere. Así, será mucho más probable que lo consiga.

En uno de los estudios más citados que demuestran cómo funciona esta técnica, un equipo dirigido por el investigador de persuasión, Robert Cialdini, les preguntó a los participantes si estarían dispuestos a trabajar de forma conjunta en el proyecto conocido como Big Brother o Big Sister con jóvenes delincuentes[12]. La solicitud era bastante significativa, pues implicaba un compromiso de dos horas a la semana durante dos años. No es de sorprenderse entonces que todos los participantes dijeran que no. Luego, el equipo les preguntó si en vez de eso estarían dispuestos a acompañar a los mismos chicos al zoológico durante un día.

Solo un grupo de control recibió la segunda petición, sin conocer la primera, y el 17% aceptó acompañarlos al zoológico. Pero la sorprendente cifra del 50% de aquellos a quienes se les había hecho la primera pregunta y que habían dicho que no respondió que sí los acompañarían al zoológico. En otras palabras, la probabilidad de decir que sí a una segunda solicitud más sencilla casi *se triplicó*.

(En una gran tira cómica de *Calvin and Hobbes*, Calvin intenta usar la técnica de la puerta en la cara. En los dos primeros recuadros, le pregunta a su mamá si puede prenderle fuego al colchón de su cama o saltar en su triciclo desde el techo. Cada vez, ella responde "No, Calvin". "Entonces, ¿puedo comerme una galleta?", le pregunta Calvin, pero ella sigue diciendo que no. "Está contra mí", piensa él. Esto demuestra que algo de sutileza en el uso de esta técnica sería útil).

Parte de lo que podría ocurrir cuando se usa la técnica de la puerta en la cara es similar a un efecto de contraste: la segunda petición parece tan pequeña en comparación con la primera, que ya no parece gran cosa. Pero es claro que su utilidad se debe a nuestro sentido de *responsabilidad social* —debemos ser útiles y solidarios cuando la gente nos pide serlo—. Rechazar dos solicitudes hechas por la misma persona crea demasiada incomodidad y una culpa que son difíciles de manejar.

Este impulso por compensar esos momentos en los que no brindamos apoyo es, en términos generales, bueno. Refuerza las relaciones y contribuye a reparar las que se han vuelto tensas. Cuando usted le pide ayuda a alguien que ya lo ha rechazado, no solo es más probable que la obtenga, sino que también le está dando a esa persona la oportunidad de sentirse mejor consigo misma. En cambio, si evita de forma permanente buscar ayuda de esa persona, no será de beneficio para ninguno de ustedes dos.

Tal vez, usted esté preguntándose qué pasa entonces cuando le pide un segundo favor a alguien que le dijo que *sí* la primera vez. ¿Es menos probable que le ayude debido a que ya le ayudó antes? No. *También* es más probable que le ayude la segunda vez, gracias a nuestra amiga la disonancia cognitiva.

La disonancia cognitiva es un extraño y poderoso fenómeno sicológico. Por lo general, los seres humanos tenemos una necesidad fiable de coherencia. Preferimos que nuestras creencias sean consistentes y que nuestras acciones concuerden con esas creencias. Tener opiniones incoherentes o contradictorias sobre algo o alguien (por ejemplo, creer que John es una buena persona, pero saber que al mismo tiempo hace trampa al declarar sus impuestos) causa un tipo de dolor sicológico llamado *disonancia cognitiva*. Cuando la gente intenta describirlo en palabras se refiere a una especie de molestia persistente o una sensación de que algo está mal. La única forma de resolver dicha disonancia y terminar con la incomodidad es cambiando una de las visiones en conflicto (es decir, encontrando una justificación de por qué está bien que John haga trampa en su declaración de impuestos o decidiendo que John *no es* en realidad una buena persona).

Ayudarle en el pasado, pero negarse a hacerlo ahora generaría una inconsistencia o contradicción que provocaría la incómoda tensión de la disonancia cognitiva. Las investigaciones sugieren que la gente estará dispuesta a ayudar de formas que son gradualmente más difíciles e incómodas después de aceptar una solicitud inicial. Esto también ha inspirado una táctica de ventas que es casi lo opuesto a la técnica de la puerta en la cara y se conoce como la técnica del pie en la puerta.

Para utilizar la técnica del pie en la puerta, lo único que usted tiene que hacer es pedirle a la otra persona algo relativamente pequeño o que no requiera de esfuerzo, algo que usted sepa que la persona aceptará hacer. Una vez usted se haya asegurado de obtener esa respuesta positiva, hágale una segunda solicitud, pero asegúrese de que sea más difícil de aceptar. (Una vez, una amiga hizo esto mismo conmigo con gran éxito. Primero, me preguntó si podía dejar una planta en mi apartamento para que yo la regara mientras ella se iba de viaje por dos semanas. Le dije con entusiasmo: "¡Sí, claro!". Luego, me pidió que también cuidara a su San Bernardo. Le dije que sí y entonces me pasé casi un año limpiando pelo de perro).

Es sorprendente que nuestras percepciones sobre si sí o no y cuándo estarán dispuestos los demás a ayudarnos, y cómo nos verán cuando lo hagan, sean tan equivocadas. Después de todo, todos *brindamos* ayuda, pero también la *buscamos*. Sabemos lo difícil que es decir que no. Sabemos que no nos deja de caer bien alguien porque nos pida ayuda. Si pudiéramos tener todo eso en mente cuando somos nosotros quienes la necesitamos, pedirla sería mucho más fácil.

Para recordar

- Casi siempre, quienes buscan ayuda subestiman la posibilidad de recibirla. ¡Pero hay buenas noticias! Es un hecho que la gente está mucho más dispuesta a ayudar de lo que pensamos.

- Para muchos de nosotros, es muy, muy doloroso decir que no. De hecho, si ya hemos dicho que no una vez, es mucho menos probable que volvamos a decir que no la segunda vez. Es demasiado difícil hacerlo.

- Es menos probable que digamos que no cuando antes hemos dicho que sí debido a la disonancia cognitiva. Pensamos: "Soy una persona buena y útil" y queremos seguir considerándonos así.

- Todas estas son buenas noticias para quienes buscan ayuda.

Capítulo 3

Asumimos que pedir ayuda hará que la gente nos quiera menos

El padre fundador Benjamin Franklin fue, entre otras cosas, alguien muy observador. Algunas de sus observaciones se convirtieron en extraordinarios inventos como el pararrayos, las lentes bifocales, la estufa Franklin, el catéter y las aletas de natación. (Sí, es cierto. En serio. Bien pueda compruébelo). También observaba al prójimo para identificar y alabar las que él consideraba las 13 virtudes de la personalidad, las cuales, una vez dominadas, llevarían a la perfección moral. Estas incluían *la templanza, el orden, la frugalidad y la moderación.* (En su búsqueda por dominar cada virtud, Franklin registraba en un diario sus éxitos y fracasos. Allí, destacó estar "sorprendido de verse mucho más lleno de defectos de lo que imaginaba". En ese caso, tú y yo nos sentimos igual, Ben).

Otra de sus observaciones más útiles tiene que ver con la necesidad de buscar ayuda. Fundamentalmente, se preguntó si aquella persona a quien alguien acude en busca de ayuda cambia su percepción de esa persona que se la pide. En su autobiografía, nos relata la siguiente historia:

"Mi primer ascenso fue cuando fui elegido Secretario de la Asamblea General en 1736. Ese año, la elección se realizó sin oposición; pero al año siguiente, cuando fui propuesto de nuevo (ya que la elección, al igual que la de los miembros, era anual), uno de los nuevos miembros hizo un largo discurso en mi contra para favorecer a otro candidato. Sin embargo, resulté elegido otra vez, lo que me agradó, pues además de recibir mi pago como secretario, este cargo me permitía ser alguien de interés para los miembros, lo cual me garantizaba el negocio de la impresión de votos, leyes, billetes y otros trabajos ocasionales para el público que resultaban, en general, muy rentables. Por esa razón, no me gustó la oposición de dicho nuevo miembro, quien era un caballero con fortuna y educación, y con talentos que, probablemente, lo convertirían con el paso del tiempo en alguien muy influyente en la asamblea. Y de hecho, así ocurrió. Sin embargo, yo no busqué ganarme su afecto mediante un respeto servil, pero después de un tiempo, implementé este otro método. Cuando me enteré de que tenía en su biblioteca cierto libro muy raro y curioso, le escribí una nota en la que le expresaba mi deseo de examinar ese libro y le pedía el favor de prestármelo unos cuantos días. Él me lo envió de inmediato y se lo devolví a la semana siguiente con otra nota en la que le expresaba mi inmensa gratitud por dicho favor. La siguiente vez que nos encontramos en la asamblea, me habló (algo que nunca antes había hecho) con gran amabilidad y siempre manifestó su disposición a servirme en toda ocasión. Fue así como nos convertimos en grandes amigos y nuestra amistad continuó hasta su muerte. Este es otro ejemplo de la verdad de una vieja máxima que conozco y que dice: **'Aquel que ha sido amable contigo una vez, estará más dispuesto a serlo de nuevo que aquel a quien se le obliga'"**. [El énfasis es mío.][1].

A simple vista, esta historia no tiene ningún sentido. Un hombre que despreciaba tanto a Franklin que nunca se molestó en hablar con él y que incluso presionó a otros para que él perdiera su cargo procedió a prestarle un libro raro y valioso *y entonces Franklin le cayó mejor por haberle expresado su gratitud por el préstamo de aquel libro.* Pero en realidad, tiene bastante sentido si recordamos el concepto de la *disonancia cognitiva* (Capítulo 2).

Sin duda, el préstamo del libro a Franklin habría creado una gran disonancia cognitiva en su dueño. Como el trabajo de Bohns lo demuestra, el propietario del libro habría experimentado una gran presión para cumplir con la solicitud de Franklin. Pero después de hacerlo, habría tenido dos ideas contradictorias rondando en su cabeza: (1) Acabo de prestarle un raro y valioso libro a Ben Franklin y (2) Ben Franklin no me cae bien.

Dado que el dueño del libro no podía viajar al pasado y negarse a prestarle el libro, la única forma posible de deshacerse de aquella disonancia fue decidir que, de hecho, *Ben Franklin le caía bien.* Pasar a tener una visión positiva acerca de Franklin resolvió el problema por completo. Después de todo, hacerle un favor a alguien que nos cae bien es algo natural y congruente. De esta manera, la disonancia cognitiva les brinda a las personas dadivosas una poderosa motivación para tener a los destinatarios de su ayuda en alta estima. Cuando esto sucede no hay tensión y el motor de la mente sigue funcionando sin problemas.

La mayoría de personas asume muy equivocadamente que brindar ayuda crea una impresión mucho mejor que cuando se pide ayuda. De hecho, la gente puede tener sentimientos encontrados sobre el hecho de recibir ayuda. A veces, hay incluso quienes pueden sentir resentimiento hacia quien les ayuda, debido a una mezcla entre vergüenza y autoculpabilidad. *(Odio no poder hacer esto sin ayuda... y ahora usted me está haciendo quedar mal. Genial.)* Los ayudantes, por otra parte, son notablemente consistentes. Ellos tienden a caerle *mejor,* no peor, a la gente a la que ayudan, después de ayudarles.

En la década de 1960, los sicólogos Jon Jecker y David Landy hicieron el que es quizá mi estudio favorito para ilustrar este fenómeno[2]. El experimentador, el Sr. Boyd, saludó a los estudiantes universitarios que vinieron al laboratorio y le dijeron que responderían preguntas y que recibirían dinero por cada respuesta correcta. Entonces, de manera deliberada, el Sr. Boyd no se comportó como una persona muy agradable. Les habló de forma frívola y monótona, no fue amigable y dijo cosas como: "Presten atención, porque no quiero tener que repetirles".

Después de responder a las preguntas (que habían sido adaptadas de tal forma que los estudiantes las respondieran correctamente), sucedieron tres cosas:

- Un tercio del grupo recibió su dinero y luego se le pidió que llenara un cuestionario que incluía la pregunta: "¿Le cae bien el Sr. Boyd?". Este era el grupo de control.

- Otro tercio del grupo recibió su dinero y luego habló con una secretaria que les explicó que el departamento de sicología necesitaba que el dinero fuera devuelto. Casi todos estos participantes accedieron a hacerlo. Luego, llenaron el cuestionario.

- Al último tercio se le dio su dinero. Luego, el Sr. Boyd en persona les hizo una solicitud: "Quisiera saber si pueden hacerme un favor. Se acabaron los fondos para este experimento y estoy usando mi propio dinero para terminarlo. Como favor personal, ¿podrían devolverme el dinero que ganaron?". Una vez más, casi todos los participantes estuvieron de acuerdo y luego llenaron el cuestionario.

Entonces, ¿qué pensaban del Sr. Boyd? En una escala de 12 puntos, los miembros del grupo de control, aquellos que pudieron quedarse con el dinero, le dieron al Sr. Boyd una puntuación promedio de 4,8. Los que tuvieron que devolver el dinero para beneficio del departamento de sicología le dieron una calificación incluso *menor*, de un 4,0. Pero aquellos a quienes el Sr. Boyd les pidió el favor, los que devolvieron el dinero para beneficiarlo directamente, le dieron un 7,6. Otras versiones del mismo estudio mostraron que el tamaño de este efecto depende directamente de la cantidad de dinero ganado. A mayor cantidad de dinero devuelto por los participantes, mejor les caía el Sr. Boyd.

En otras palabras, hacerle un favor a un imbécil hace que nos parezca menos imbécil y hacerle un *gran* favor a un imbécil hace que empiece a parecernos un gran tipo. Gracias a la disonancia cognitiva, cuanto más le demos, mejor persona nos parecerá. De lo contrario, algo está terriblemente mal.

Así que hay muy pocas razones para temer que el hecho de pedir ayuda hará que alguien nos aprecie menos. Puede que usted quiera pensar seriamente en decir que sí cuando la gente le hace favores o halagos, cuando le brinda apoyo o cuando le da regalos, incluso cuando usted no los necesita o cuando su orgullo le dice lo contrario. Así, usted les caerá mejor.

Subestimamos lo bien que se siente la gente al ayudar

Un pequeño grupo de la población está conformado por dadores crónicos —alrededor del 20%—, según el profesor de Wharton, Adam Grant, quien los ha estado estudiando a nivel científico desde hace muchos años. Con frecuencia y generosidad, las personas dadivosas les ayudan a los demás, al parecer, sin preocuparles qué recibirán a cambio. Pareciera que *prefieren* dar que recibir. En sus investigaciones, Grant distingue a este grupo de los *interesa-dos*, aquellos que se sienten motivados por la igualdad de condiciones y están muy pendientes de dar más o menos en la misma medida en que reciben. También están los *recibidores* que, como su nombre lo indica, en general, son unos patanes.

Los dadivosos son a la vez las personas más y menos exitosas en cualquier industria —desde ingenieros de software hasta capitalistas de riesgo y vendedores—. Cuando ellos son menos exitosos, tiende a ser debido al agotamiento que puede surgir por ayudar demasiado a los demás y por no dedicarles suficiente tiempo a sus propias metas. Pero los de este grupo que logran encontrar un equilibrio se benefician en gran manera, al parecer, de su propia naturaleza generosa. Tienen una nutrida red de conexiones y apoyo, ejercen profunda influencia sobre quienes los rodean y, como una marea creciente, ganan no por derrotar a otros, sino por saber generar situaciones beneficiosas para todos. Tienen vidas enriquecedoras y satisfactorias, llenas de significado y propósito.

Yo no soy dadivosa. Al conocer más de la mitad de las historias de Grant sobre dadores extraordinarios, reaccioné algo así como: "Espera, ¿hizo *qué?*". Por más que lo intenté, no pude llegar a convencerme de que yo también era una de esas personas increíbles e inspiradoras. Sencillamente, no lleno esos requisitos.

Pero como cerca del 80% de la población no es dadivosa, por lo menos, tengo abundante compañía en ese sentido. No es que *nunca* demos, por supuesto. Para el resto de nosotros, los que hacemos parte de ese 80%, es más preciso decir que a veces damos y a veces no. Pero incluso nosotros, los casi egoístas, somos mucho más felices cuando damos que cuando no. Y eso es algo que la gente que prefiere evitar pedirnos ayuda casi siempre olvida. Veamos con mayor detalle cómo el hecho de ayudar a otros hace que quienes lo hacen se sientan bien.

Ayudar mejora el estado de ánimo

Uno de los beneficios más destacados de ofrecerle apoyo a otra persona es que levanta el ánimo. Los sicólogos hablan de la "cálida sensación" que brindan las conductas prosociales[3]. Esta es la expresión que se manifiesta en la cara de las personas que distribuyen comida en comedores comunitarios, en quienes pasean perros en los refugios de animales y en quienes trabajan con jóvenes en situaciones de riesgo en los diversos sectores de las ciudades. Pero ayudar tampoco tiene por qué ser siempre con respecto a algo tan noble. Yo también he experimentado levemente esa cálida sensación cuando he hecho algo tan mundano (y casi sin esfuerzo) como mantenerle la puerta abierta a una mamá que lleva un cochecito difícil de maniobrar o cuando le he avisado a un extraño que se le cayó un guante en la calle.

Incluso un simple juego de palabras puede mejorar su estado de ánimo si usted piensa que alguien podría beneficiarse del hecho de que usted participe en él. Los investigadores Frank Martela y Richard Ryan les pidieron a estudiantes de pregrado que participaran en un juego en el que debían identificar el sinónimo correcto de una palabra en un conjunto de cuatro alternativas[4]. (Sí, pareciera ser un juego bastante aburrido). A la mitad de los participantes se le dijo que, por cada respuesta correcta, se haría una donación de arroz al Programa Mundial de Alimentos de la ONU. El investigador explicó: "Al participar en el juego, usted está haciendo una contribución real a la pobreza mundial y a la sociedad en general".

En caso de que le cause curiosidad, la donación era de 10 granos de arroz por cada respuesta correcta. Y sí, esa cantidad de arroz parece patética, lo que hace que los resultados del estudio sean mucho más significativos. A pesar de que no hubo diferencias en términos de qué tan bien los jugadores se desempeñaron en medio de esas condiciones, y a pesar de la cantidad tan pequeña de arroz en cuestión, los jugadores cuyos esfuerzos ayudaron a otros tuvieron aumentos significativos en cuanto a su estado de ánimo positivo, vitalidad y bienestar.

(Por cierto, este juego es real. Usted también puede participar en él. Solo tiene que visitar www.Freerice.com. Desde sus inicios en octubre de 2007, FreeRice ha donado más de 95.000 millones de granos de arroz para alimentar a las personas con hambre, una cantidad de arroz para nada patética que ha ayudado al Programa Mundial de Alimentos a alimentar con éxito a millones de personas necesitadas).

Ayudar hace que las cosas sean menos terribles

En ocasiones, decidimos ayudar a los demás para alegrarnos un poco. Pero hay momentos en que es más probable que la gente quiera ayudar y disfrutar de los beneficios emocionales no tanto para tener buen estado de ánimo, sino para mejorarlo. Robert Cialdini (famoso por las técnicas de *la puerta en la cara* y *el pie en la puerta)* ha argumentado durante mucho tiempo que el *alivio del estado de ánimo negativo* es el principal motor de una acción altruista. Una historia del Presidente de los EE.UU., Abraham Lincoln, citada con mucha frecuencia, ilustra muy bien esta idea:

> Un divertido incidente ocurrió en relación con uno de estos viajes [en el circuito judicial de Illinois] que nos permite darle una agradable mirada al corazón del buen abogado. El Sr. Lincoln iba cabalgando por los alrededores de un profundo pantano en el que, para su dolor, vio a un cerdo luchando por sobrevivir. Sus esfuerzos eran tan débiles que era evidente que no lograba salirse del barro. Entonces, el Sr. Lincoln miró al cerdo en medio de aquel barro que lo envolvía. Luego, se miró su ropa nueva, que recién se había

puesto, así que decidió ignorar al cerdo y proseguir su camino, pero no pudo sacarse de la cabeza al pobre animal. Por fin, después de cabalgar dos millas, se devolvió decidido a rescatar al animal a expensas de su ropa nueva.

Entonces, llegó al lugar, ató su caballo y, con gran serenidad, empezó a construir una especie de pasadizo hasta donde estaba el cerdo echando mano de unos rieles viejos que logró conseguir. Una vez listo, se deslizó por los rieles, agarró al cerdo y lo arrastró hacia afuera, dañando así la ropa que llevaba puesta. Después, se lavó las manos en el arroyo más cercano y se las limpió en el césped. Se montó en su caballo y se fue pensando en qué lo había hecho devolverse a liberar al cerdo. Al principio, pensó que fue por pura bondad, pero llegó a la conclusión de que fue por egoísmo, ya que decidió socorrer al cerdo (como le dijo al amigo al que le relató el incidente) para "sacarse aquel dolor de su mente"[5].

El alivio del sufrimiento es, por supuesto, una poderosa razón para ayudar, pero con más frecuencia de la que nos damos cuenta, es también nuestro *propio* sufrimiento el que nos preocupa de igual manera. Por ejemplo, Cialdini y sus colegas muestran en sus estudios que las personas cuyo estado de ánimo se vio afectado al ver que un individuo inocente fue lastimado tenían más probabilidades de ayudar a un tercero que aquellas que tenían un estado de ánimo neutral, a menos que su ánimo *ya* hubiera mejorado tras recibir un regalo sorpresa. Cuando su angustia desaparecía, no aumentaba la probabilidad de que ellas prestaran ayuda[6].

Por supuesto, nadie está sugiriendo que la gente deba pensar: "Estoy de muy mal humor. Me voy a hacer una donación a la Cruz Roja". Sin embargo, a nivel inconsciente, sabemos intuitivamente que darle una mano a alguien hace que nuestro estado de ánimo mejore mucho. Y lo que es más, los estudios sugieren que es muy probable que no nos interesemos en ser útiles cuando pensamos que colaborarles a otros *no* mejorará nuestro estado de ánimo.

Cialdini y sus colegas Gloria Manuncia y Donald Baumann ilustraron este punto de forma brillante en un estudio durante el cual los participantes entraron al laboratorio y los investigadores les dijeron que tomarían un medicamento de acción rápida (y seguro 100%) para la memoria llamado Mnemoxina. A la mitad de los participantes se le explicó que la Mnemoxina tenía un extraño efecto secundario: durante un promedio de 30 minutos, preservaría químicamente el estado de ánimo en el que cada uno de ellos se encontrara en el momento de tomarla. Es decir, si estaban felices en el momento de ingerir la píldora, seguirían felices durante la siguiente media hora sin importar lo que pasara.

Los estados de ánimo de los participantes se alteraron cuando los investigadores les pidieron, inmediatamente después de tomar la píldora (placebo), que pensaran en un recuerdo muy triste o feliz. Finalmente, entre 5 y 10 minutos después, al "salir" del estudio, un investigador que se hacía pasar por donador voluntario de sangre les preguntó a los participantes si estarían dispuestos a ayudar a la causa, haciendo entre 1 y 10 llamadas telefónicas a donantes habituales en apoyo a la campaña de donación.

De forma consistente con la idea de que ayudar puede ser una forma de levantar el ánimo, las personas a quienes se les había pedido revivir recuerdos tristes fueron más serviciales (es decir, hicieron más llamadas telefónicas) que aquellas que habían pensado en recuerdos felices, pero solo si creían que era *posible* sentirse de mejor humor. Los participantes tristes que pensaban que debían seguir sintiendo melancolía durante otros 20 o 25 minutos ayudaron mucho menos que los que pensaban que debían seguir sintiéndose felices.

Esto explica por qué los pacientes con depresión clínica no andan por ahí pidiendo donaciones para UNICEF para curar su enfermedad. La depresión, a diferencia de la tristeza, se caracteriza por su aparente permanencia —la creencia (en gran medida, errónea) de que ese estado de ánimo actual nunca va a cambiar—. Cuando la gente cree que no existe forma de mejorar su estado de ánimo, tiende a no buscar estrategias para lograrlo.

A propósito, ayudar no solo es un antídoto para la tristeza. También es una gran manera de deshacernos de la culpa. Los sicólogos argumentan que la culpa —un estado que casi siempre se caracteriza por tensión, remordimiento y ansiedad— tiene la función de ayudar a preservar y fortalecer los lazos sociales. Esta nos recuerda cumplir con nuestros compromisos, enfrentar nuestras responsabilidades y llamar a nuestras madres con regularidad. Cuando le hacemos algo malo a alguien, la culpa nos motiva a reparar el daño para que no nos echen de la tribu. Saber que nos sentiremos culpables suele evitar que hagamos cosas malas[7]. Pero cuando terminamos sintiéndonos culpables por la razón que sea, hay pocas formas efectivas de convencernos a nosotros mismos de que no somos tan detestables como para no tenderle la mano a alguien.

Ayudar más = mayor satisfacción con la vida

No es una sorpresa descubrir que cuanto más damos, más gratificante y satisfactoria será nuestra vida. (Precisamente, el famoso clásico navideño *¡Qué bello es vivir!* aborda esta premisa. Está impresa en el título, literalmente). Los estudios muestran, por ejemplo, que las personas que pertenecen a organizaciones caritativas o que se dedican al trabajo voluntario tienen mayores niveles de satisfacción con la vida, la salud física y la autoestima. Se sienten mejor, se ven mejor y se gustan más a sí mismas[8]. Pero de nuevo, no es necesario dar a una escala tan grande para disfrutar de tales beneficios. Las cosas simples como darle indicaciones a un extraño o dejar a alguien colarse en la fila pueden llevar a un aumento del bienestar. Y si usted de verdad quiere mejorar su calidad de vida, trate de compartir su dinero con otras personas[9].

Como dice el refrán, el dinero no compra la felicidad. Se ha demostrado que el aumento de la riqueza tiene muy poco efecto sobre el bienestar una vez la persona tiene suficiente dinero para asegurarse de que sus necesidades básicas estén cubiertas. Sin embargo, la sicóloga Elizabeth Dunn ha argumentado que esto es principalmente porque la gente no gasta su dinero en las cosas correctas. El dinero bien gastado aumenta sin lugar a duda el bienestar, pero aquí la expresión "bien gastado" significa "bien gastado en alguien que no sea usted mismo".

Por ejemplo, Dunn y sus colegas Lara Aknin y Michael Norton le pidieron a una muestra nacional representativa de más de 600 estadounidenses que indicara sus ingresos mensuales, su nivel de felicidad y cuánto gastaba cada uno en sí mismo mensualmente (en cuentas, gastos y regalos para ellos mismos) y en otros (en regalos para otras personas y en donaciones). Fue así como encontraron que el gasto personal no tenía nada que ver con la felicidad, pero el gasto prosocial —el que se hace para beneficio de los demás— era un predictor confiable de un mayor nivel de felicidad.

En un segundo estudio, Dunn y sus colegas analizaron a 16 empleados que habían recibido un bono de participación en las ganancias de su compañía. Una vez más, los empleados que gastaron mayor parte de su bono en otros experimentaron una mayor felicidad durante las siguientes seis u ocho semanas. Y algo importante es que la forma en que gastaron el dinero fue un predictor de felicidad más fuerte que la cantidad del bono en sí.

Y en un estudio final, les dieron a los participantes entre $5 y $20 dólares y les indicaron que se compraran un regalo o que gastaran el dinero en un regalo para otra persona o en una donación.

De nuevo, aquellos que gastaron el dinero en otros experimentaron una mayor felicidad. De igual manera, la cantidad de dinero tampoco tuvo ningún efecto en ninguna de las dos condiciones.

Entonces, ¿por qué estoy diciendo todo esto? En realidad, no es para convencerlo a usted de dar más, aunque es bastante claro, gracias a las investigaciones, que si tanto usted como yo aumentáramos la cantidad de ayuda y apoyo que les damos a otros, estaríamos en una posición mucho mejor. Lo que *sí* estoy tratando de hacer, sin embargo, es lograr que usted se sienta cómodo con la idea de *pedir* ayuda. En los dos capítulos anteriores, aprendimos que la gente tiene mucha más disposición para ayudar de la que creemos, que presta ayuda de mucha mejor calidad de la que pensamos y que les caeremos mejor, no peor, al habernos ayudado. Ahora sabemos que darles a otros la oportunidad de ayudarnos puede proporcionarles beneficios reales y duraderos. Incluso podríamos argumentar que *no* pedir ayuda es algo egoísta, ya que les quita a otras personas uno de los mejores estímulos para su bienestar.

Ahora que sabemos qué beneficios hay para quienes están dispuestos a ayudar, vamos a pasar al siguiente reto: darles *a ellos* lo que necesitan saber de *nosotros* para que esa ayuda sea posible y mucho más eficaz.

Para recordar

- A menudo, recibir ayuda nos genera sentimientos encontrados. En consecuencia, asumimos que, al pedir ayuda, seremos menos agradables o menos competentes. Pero las investigaciones muestran que a la gente que se dispone a servirles a los demás le agrada *más* la gente a la que le ayudaron.

- Ayudar les brinda a quienes ayudan muchos otros beneficios. Les levanta el ánimo, hace que sus rostros brillen y, en general, hace que el mundo sea un poco menos horrible.

- Deberíamos sentirnos un poco menos incómodos cuando tenemos que pedir ayuda. Aunque nos atemorice tener que hacerlo, pedir ayuda de la manera correcta les brinda la oportunidad a otras personas para que se sientan muy, muy bien consigo mismas y con nosotros.

PARTE DOS

En todo caso, cómo pedir ayuda

Capítulo 4

La inherente paradoja de pedir ayuda

Hace más o menos un año, le ayudé a una amiga del posgrado a armar un mueble de IKEA cuya estructura era muy complicada e intimidante. Como en otras ocasiones yo había demostrado tener cierta habilidad en este tipo de tareas, me había convertido en su mano derecha en todo lo relacionado con armar muebles. (Siendo sincera, no es que sea muy buena con los muebles, pero si soy extrañamente buena para entender instrucciones mal ilustradas y seguirlas).

Armar muebles es casi que lo último en lo que pensamos cuando hablamos de formas en las que disfrutamos ayudando a nuestros amigos. Quizá, nos guste menos que *regar las plantas de un amigo mientras está de viaje, pero un poco más que ayudarlo a mudarse a su apartamento nuevo.* Sin embargo, acepté de inmediato cuando ella me llamó e incluso estaba animada de echarle una mano mientras me dirigía a su casa.

Muchas horas (y después de muchos moretones causados por los golpes con los muebles y por las herramientas cayéndoseme en el pie), nos paramos con orgullo a contemplar el SPROINK o VERBLANGT completamente armado —o como sea que se llame esa dichosa línea de muebles—. Mi amiga me miró en ese momento y dijo: "¡Heidi, gracias! ¡Siempre eres tan servicial y generosa!". Lo decía en serio.

Fue agradable escuchar esas palabras. Sin embargo, tan pronto ella dijo eso, de alguna forma, su elogio me pareció *equivocado*.

Verá, no siempre soy tan servicial y generosa. Estoy lejos de serlo. De hecho, esa misma mañana, había tomado una serie de decisiones inútiles y 100% egoístas.

Primero, rechacé una solicitud para revisar un artículo para una revista científica, porque el tema me parecía aburrido y no quise dedicarle tiempo. Esto a pesar de que sé muy bien que revisar artículos es una parte necesaria del negocio de la ciencia y a pesar del hecho de que lo más probable es que me habría llevado la misma cantidad de tiempo que me tomó ayudarle a mi amiga a armar su mueble y con mucho menos dolor físico involucrado en el asunto.

Luego, decidí ignorar un correo electrónico que nos solicitaba ayuda a los padres para servir como voluntarios en una fiesta de helados en la escuela de mi hija. Como excusa, me dije a mí misma: "Ya lo hiciste el año pasado, así que te libraste de eso por los próximos años". Además, servirles helado a niños de cuarto grado es un trabajo ingrato y muy pegajoso.

Por último, acepté lavar la ropa de mala gana. Sé que lavar la ropa es una actividad cotidiana de la vida adulta. Sin embargo, odio lavarla tanto como un humano adulto puede odiar semejante tarea tan mundana. Pero lo hice, solo después de exhalar un suspiro muy largo, de poner los ojos en blanco con tanta fuerza que me sorprende no haberme torcido algún músculo y de murmurar entre dientes: "Está bien, yo lavo la ropa, pero no la doblo".

Después de haber estado hablando en la primera parte de este libro de por qué no deberíamos dudar tanto a la hora de pedir ayuda, incluso si hacerlo nos resulta un poco incómodo, ahora voy a dar un giro dramático en mi argumento. La verdad es que pedir ayuda tiende a ser un poco complicado. Si no fuera así, usted no estaría leyendo este libro. Como veremos en este capítulo, aunque la mayoría de las personas tiene un deseo innato de sentirse útil, en realidad, detesta sentirse obligada a ayudar. Pero ¿cómo hacer para pedirle ayuda a alguien sin, en cierto sentido, *obligarlo?*

Las cuatro posibles respuestas ante una solicitud de ayuda

Estoy segura de que, casi todas las mañanas, usted envía algún correo electrónico solicitando algún tipo de favor profesional. Tal vez, se trata de un consejo sobre un proyecto, de ayuda para localizar algún recurso difícil de encontrar o de una recomendación por parte de un colega. El hecho es que, una vez que los destinatarios hayan leído su solicitud, tendrán, más o menos, una de las siguientes cuatro reacciones.

Primera reacción: No

Un explícito "No, lo siento, no le puedo ayudar con eso", como mi respuesta a aquel artículo académico. Esta es la respuesta que casi todos esperamos escuchar. Sin embargo, como vimos en el Capítulo 2, en realidad, es una respuesta poco común. Cuando alguien nos pide hacer algo, es bastante difícil responderle con un no rotundo. Yo podría con facilidad decir: "Preferiría no hacerlo", pero para el resto de la gente no suele ser tan fácil. Aunque es estadísticamente improbable que su solicitud reciba un contundente no, de todas formas es posible.

Segunda reacción: Silencio

La alternativa más común suele ser ignorar la solicitud hasta que se pierda en la bandeja de entrada. De esta forma, los destinatarios fingen que se olvidaron de responderla o que nunca la vieron, tal como yo hice con el correo electrónico de la escuela de mi hija. (Estoy horrorizada por la frecuencia con la que recurro a esta opción). El beneficio de esta segunda reacción es que los destinatarios no experimentan la incomodidad de tener que decir que no. Por supuesto, la desventaja es que dejan al remitente en el limbo, lo que resulta más molesto y produce mucha ansiedad. En últimas, el resultado es el mismo: no recibimos la ayuda solicitada.

Cualquiera de estas reacciones, la primera o la segunda, hará que el destinatario se sienta, al menos, un poco incómodo. O en el peor de los casos, podría terminar experimentando un *terrible sentimiento de culpa*.

Tercera reacción: Sí, pero a regañadientes

"Ah, sí, bueno, supongo que tengo que hacerlo… cuando tenga tiempo". Esa es una reacción muy común, sobre todo, cuando no hay forma de evadir a la persona que hace la solicitud. Al elegir esta tercera reacción, los destinatarios de esa solicitud tienden a evitar la culpa de no ayudar al mismo tiempo que minimizan su propia incomodidad y hacen el menor esfuerzo posible por ayudar. Por supuesto, la desventaja es que no obtendrán ningún tipo de satisfacción, ni de autoafirmación tras prestar la ayuda solicitada. En el mejor de los casos, sentirán un pequeño alivio al tachar el favor de su lista de tareas pendientes.

Cuarta reacción: Un "sí" lleno de entusiasmo

"¡SÍ!" es sin duda la mejor reacción para todas las partes involucradas. Todos sabemos lo que es estar genuinamente encantados de poder ayudar a alguien y de sentirnos ansiosos y llenos de energía ante la perspectiva de brindar dicha ayuda. Incluso a veces, de manera espontánea, nos ofrecemos a brindar nuestra ayuda en labores para las cuales no nos solicitaron nuestra asistencia. *¿Quieres que te presente a John? ¡Con gusto! Y ya que estamos en eso, ¿no te gustaría también conocer a Susan y a Alex? ¿Tienes quién te riegue tus plantas mientras estás de viaje?*

Cuando las personas eligen la cuarta reacción, no solo dan lo mejor de sí mismas, sino que también se *sienten* de lo mejor. Experimentan una sensación de felicidad y bienestar que ha sido documentada durante décadas de investigación. Se sienten más satisfechas de sí mismas y, por supuesto, fortalecen su relación con aquellos a quienes les prestan su ayuda.

El hecho es que recibir un sí entusiasta es bastante raro. La pregunta es: si es tan genial hacerlo, entonces ¿por qué la gente no tiene esta reacción todo el tiempo? Algunos sicólogos se centran en lo que llaman *diferencias individuales* como la mejor forma de explicar diferentes comportamientos. Hay personas que tienen este tipo de personalidad, entonces hacen X y otras tienen este otro tipo de personalidad, entonces hacen Y. El caso es que el análisis de Adam Grant sobre los dadivosos y los recibidores (que mencionamos en el capítulo anterior) entraría en esta categoría. A los dadivosos crónicos les gusta ayudar (o les desagrada la sensación de dolor al no ayudar) tanto así, que responden con un sí entusiasta casi todo el tiempo. A veces, hasta el punto de cambiar sus propias metas, deseos y necesidades. Sin embargo, representan solo el 20% de la población.

Y (como ya usted habrá notado) los seres humanos no siempre somos consistentes y predecibles. La mayoría de nosotros, damos *algunas veces*, pero otras veces no. Entonces, ¿qué diferencia las ocasiones en las que decidimos dar de aquellas en las que decidimos no hacerlo?

Los sicólogos sociales, como yo, tendemos a explicar el comportamiento no tanto en términos de personalidad (aunque, obviamente, es importante), sino más bien en términos del contexto o las fuerzas situacionales que están en juego. *¿Cuándo* deciden las personas ser serviciales y generosas, en lugar de mínimamente útiles o completamente inútiles? *¿Qué* motiva cada una de esas reacciones y qué tipo de recompensas o incentivos necesita una persona para generar el comportamiento más útil y servicial, no solo una vez, sino una y otra vez?

Si deseamos lograr algo, comprender las respuestas a estas preguntas es fundamental. Nadie tiene éxito solo. Sí, todos tenemos ciertas responsabilidades laborales ("Me toca hacerlo"), así que rehusarnos por completo a cooperar no es una opción. Pero las personas sí tienen la opción de priorizar el trabajo que hacen cada día y decidir cuánto de sí ponen en él. Es posible que sus compañeros de trabajo tengan que ayudarle a usted en algo —y quizá le respondan con un "Sí, ¡tocará!". —, aunque no estén felices de hacerlo. Lo cierto es que, ya sea que usted reciba o no un sí entusiasta, lo sorprendente de esto es que usted tiene más control sobre la situación del que se imagina.

La historia de cuando le ayudé a mi amiga con su mueble de IKEA contiene ejemplos de muchos de los elementos clave que estaré retomando una y otra vez en esta parte del libro. *Yo soy extrañamente buena para ese tipo de tarea. Quien me pidió ayuda es una vieja amiga de un momento importante de mi vida y ella me expresó su gratitud de una manera muy particular. Y juntas pudimos ver los resultados de mi esfuerzo.* Cada uno de estos elementos me proporcionó el tipo de refuerzos que yo necesitaba para dar lo mejor de mí cuando se trata de ofrecer mi ayuda —refuerzos que hicieron falta en las otras solicitudes de ayuda que recibí esa misma mañana.

Tener que ayudar vs *querer* ayudar

Durante largo tiempo, los sicólogos que estudian el comportamiento prosocial han señalado que existen varios mecanismos en acción cuando una persona le ayuda a otra. Es decir, que existe más de una fuente potencial de motivación. Por supuesto, fieles a nuestra larga tradición, la mayoría de nosotros en este campo no logra ponerse de acuerdo sobre cuáles son dichas fuentes de motivación o cómo denominarlas. Sin embargo, en términos generales, las distinciones que los investigadores han hecho al respecto se interconectan y se resumen de esta forma: ¿las personas ayudan porque *tienen* que hacerlo o porque *quieren* hacerlo?

Lo hice a mi manera

Está claro que los seres humanos tenemos necesidades sicológicas. Cuántas y cuáles son exactamente sigue siendo tema de debate (en serio, los sicólogos debatimos sobre todo). No obstante, la mayoría de ellos coincide en que, entre dichas necesidades críticas, está la necesidad de autonomía. (En el Capítulo 1, mencionamos que la *autonomía* es una de las cinco categorías de amenaza social que activan el centro del dolor en el cerebro. Cuando nos falta autonomía, sentimos dolor).

La autonomía tiene que ver con libertad de elección y control. Más precisamente, se trata de elegir nuestros propios objetivos, actividades y experiencias, de sentir que lo que hacemos es un reflejo auténtico de quiénes somos, de nuestros propios valores y de nuestras preferencias. Existen expresiones que usamos con frecuencia para capturar esta noción, como ser *el capitán de nuestro barco y marcar nuestro propio rumbo*. O, si prefiere utilizar una versión más moderna y menos nautica, *cada uno es como cada uno elige ser.*

Cuando asumimos cierto comportamiento porque elegimos hacerlo y no porque tengamos que hacerlo, observamos lo que en sicología se conoce como *motivación intrínseca*. Sin temor a exagerar, en las últimas décadas, los estudios han demostrado que este tipo de motivación es superior a cualquiera otra. Cuando estamos intrínsecamente motivados, sentimos más interés y disfrute en lo que hacemos aun cuando se trate de una tarea desafiante. Somos más creativos, absorbemos más conocimientos y somos más resistentes cuando las cosas se ponen difíciles. Es decir, en general, la motivación intrínseca implica cierto incremento en el rendimiento y un mayor sentido de satisfacción.

Por ejemplo, los estudiantes de secundaria que sienten que sus maestros de educación física les dan "más opciones" suelen reportar mayor gusto por el ejercicio e incluso hacen más ejercicio en su tiempo libre[1]. Así mismo, los participantes en programas de pérdida de peso que ofrecen más opciones suelen tener mejores resultados[2]. (Se han observado resultados similares en programas para el control de la diabetes, para dejar de fumar y para el tratamiento del alcoholismo y la drogadicción[3]). Por su parte, los estudiantes con maestros que apoyan su autonomía también mejoran sus calificaciones, son más creativos y suelen buscar mayores desafíos, además de tener más probabilidades de permanecer en la escuela[4]. De igual manera, las personas que realizan ciertas prácticas religiosas porque así lo desean suelen sentir mayor bienestar y satisfacción en su vida, mientras que aquellas que van a una iglesia y siguen sus enseñanzas por obligación tienen resultados opuestos[5]. Y por último, los residentes de hogares para ancianos que pueden elegir entre diferentes actividades cada día y organizar sus habitaciones de acuerdo a su propio gusto suelen vivir más[6].

Y la lista de ejemplos no termina. Lo cierto es que la motivación intrínseca es tan mágica que parece lograr algo que los sicólogos consideraban imposible. Imagínese que existiera algo que modificara el motor de su automóvil de tal modo que después de conducirlo por cientos de kilómetros hubiera *más* gasolina en el tanque de la que había cuando usted comenzó su recorrido. Sería genial, ¿verdad? De cierta forma, la motivación intrínseca le hace algo similar a nuestro tanque de gasolina personal. Logra que nos sintamos llenos de energía en lugar de agotados tras realizar tareas que son mentalmente extenuantes.

En una fascinante serie de estudios, los sicólogos de la Universidad del Estado de Colorado les dieron a los participantes una tarea particularmente agotadora. Luego, alternaron la siguiente tarea entre una labor difícil, pero interesante y otra más o menos fácil, pero que nadie *querría* hacer, es decir, obligatoria.

Fue así como ellos descubrieron que las personas que trabajaban en la tarea interesante se esforzaban más y se desempeñaban mucho mejor (a pesar de estar cansadas) que aquellas que trabajaban en la tarea obligatoria aunque, en realidad, la primera tarea era *más difícil* que la tarea obligatoria. En otras palabras, experimentar una motivación intrínseca les devolvió la energía y les dio una ventaja tangible[7].

En otro estudio, los investigadores concluyeron que el hecho de experimentar una motivación intrínseca también se reflejó en un mejor rendimiento en una tarea posterior. En otras palabras, no solo hacemos un mejor trabajo en la tarea A porque la encontramos interesante, sino que también realizamos un mejor trabajo en la tarea B (posterior), *porque sentimos que la tarea A era interesante.* Es decir, que esa energía renovada fluye hacia lo que sea que hagamos a continuación.

(Cabe decir que en los estudios mencionados se compararon los efectos de la motivación intrínseca y el buen estado de ánimo y se descubrió que, si bien las personas obtienen algo de energía al sentirse felices, obtienen mucha más energía al estar interesadas e involucradas en lo que hacen).

Lo hice a tu manera

Por otro lado, sentirse controlado genera una situación mucho menos efectiva y satisfactoria. Logra destruir cualquier motivación intrínseca que podamos haber tenido y la remplaza con la sensación de que es mejor acabar pronto la tarea, porque no la disfrutamos. A nadie le gusta sentirse controlado, eso es obvio, pero lo sorprendente es cómo incluso las formas sutiles de control alcanzan un impacto tan fuerte (y negativo).

Uno de mis ejemplos favoritos del efecto negativo de sentirse controlado proviene de un estudio realizado por el investigador de motivación intrínseca Mark Lepper[8]. Él y sus colegas decidieron estudiar una de las actividades con más motivación intrínseca que se les pudo ocurrir: preescolares jugando con marcadores mágicos. Claro, no hace falta pedirles a los niños de cuatro años que jueguen con marcadores mágicos. No es necesario amenazarlos con castigos, ni convencerlos con recompensas, pues ellos lo hacen porque *quieren.* Pero ¿qué pasa con ese deseo natural cuando alguien intenta controlarlo?

Para su estudio, Lepper les dijo a algunos de los niños que se ganarían un "premio al mejor jugador" por hacer dibujos con los marcadores mágicos. Los niños cumplieron su tarea con entusiasmo y usaron los marcadores por más tiempo que los niños a los que no se les ofreció el premio. Genial, ¿verdad? ¡El premio fue motivador! Excepto que, en realidad, no lo fue. Una vez Lepper entregó el premio y no ofreció ninguno nuevo, los niños dejaron de jugar con los marcadores. Su motivación intrínseca para jugar con los marcadores fue totalmente destruida por la recompensa. Para ellos, los marcadores se convirtieron en algo con lo que jugaban solo cuando obtenían una recompensa a cambio. Sin embargo, para los niños a los que nunca se les ofreció un premio, los marcadores seguían siendo algo con lo que jugaban porque querían.

Las recompensas no son lo único que puede hacernos sentir controlados. Las amenazas, la vigilancia y los plazos, entre otros, tienen el mismo efecto, porque nos hacen sentir que no podemos actuar con libertad, lo que nos lleva al tema en cuestión: ¿qué sucede con la probabilidad y la calidad de la ayuda cuando las personas sienten que tienen que ayudarnos? ¿Qué opinión les merece la ayuda controlada?

Una nada buena, ¿verdad?

Cómo, sin darnos cuenta, hacemos que las personas se sientan obligadas a ayudarnos

¿Por qué a veces las personas se sienten controladas cuando se les pide ayuda? Al comienzo, como muestra la investigación de Vanessa Bohns descrita en el Capítulo 2, las personas experimentan una gran incomodidad sicológica al rechazar una solicitud de ayuda. En general, tendemos a pensar que las buenas personas *son útiles,* así que cuando decidimos no ayudar, ¿cómo nos sentimos? Es más, rechazar a una persona que necesita nuestra ayuda genera una tensión incómoda que no se resuelve fácilmente, incluso si ofrecemos disculpas y justificaciones. En últimas, salir huyendo es la única opción.

Además, cuando alguien nos pide ayuda y pensamos decirle que no, *sabemos* que se avecina un momento incómodo, una especie de castigo. Y en general, cuando sabemos que ciertas acciones llevan a cierto castigo y nuestra única forma de evitarlo es cediendo a dicha solicitud de ayuda, nos sentimos controlados.

Eso es lo que ocurre al pedir ayuda: si la persona dice que sí, tiende a sentirse controlada. Si dice que no, tiende a sentir que es una mala persona. Claramente, las dos alternativas son negativas. Más aún, existen circunstancias que hacen que la sensación de sentirnos obligados a ayudar se agudice todavía más.

¿Puede hacerme un favor?

Imagine que está caminando por Penn Station en Nueva York, una de las estaciones más concurridas de la ciudad, rumbo a su trabajo. De pronto, una estudiante universitaria se le acerca con un portapapeles en la mano. (De haber sabido en ese momento que la estudiante venía del laboratorio de investigación de Vanessa Bohns, lo más probable es que usted habría salido corriendo despavorido).

La estudiante le pregunta: "Disculpe, ¿me ayuda a llenar un cuestionario?". ¿Cómo cree que le respondería?

Ahora, qué pasaría si la estudiante le hubiera preguntado: "¿Puede hacerme un favor?", y luego esperara hasta que usted respondiera (algo como "Sí, claro, ¿qué es?", como la mayoría de la gente hace) antes de preguntarle: "¿Podría llenar un cuestionario?". ¿Usted cree que esa persona le habría respondido de manera diferente?

Supongo que, en este momento, usted está pensando que no hay una diferencia real entre estos dos enfoques, pues en ambos casos usted respondería de la misma manera y diría que no. Sin embargo, es mi deber decirle que está equivocado. La segunda versión —en la que la estudiante le solicitó a la persona que se comprometería a hacerle un *favor* antes de revelarle de qué se trataba la solicitud— obtuvo una tasa de cooperación del 84%, en comparación con el 57% en la versión que no incluía la solicitud inicial del favor. (Lo cual es impresionante. En definitiva, a la gente le gusta sentirse útil)[9].

Según Bohns y su compañero de investigación, Frank Flynn, pedirle a alguien que se comprometa a hacer un favor genera niveles más altos de ayuda. Básicamente, aumenta la potencial incomodidad de decir que no. Después de todo, no solo las buenas personas quieren sentirse útiles, sino que *usted acaba de decir que le haría un favor a esa persona*. Felicitaciones, usted es una persona de palabra.

En este momento, usted debe estar pensando: *"¡Vaya, esa es una excelente forma de hacer que la gente me ayude cuando lo necesite! Haré que se comprometan previamente"*. Sin embargo, tenga en cuenta que este enfoque tiene una potencial desventaja significativa para usted. Después de llenar los cuestionarios, los investigadores les preguntaron a los viajeros en Nueva York qué compensación monetaria creían que debían recibir por la molestia causada. Las personas que se habían comprometido previamente con un favor pidieron más del doble de dinero. Les molestaba que les hubieran hecho sentirse atrapadas y, en consecuencia, querían ser recompensadas por su dolor y sufrimiento.

En otras palabras, las tácticas de influencia tienes sus ventajas y sus desventajas. A corto plazo, uno puede obtener lo que desea, pero a largo plazo, no dejará de haber alguien que sentirá que le debemos algo a cambio lo cual, irónicamente, nos hará sentir controlados.

Me debe una

La reciprocidad es una fuerza poderosa en la sicología humana. Basta con analizar todas las expresiones que usamos en la vida diaria que implican que debemos dar lo mismo que obtenemos y viceversa:

Ojo por ojo, diente por diente.

No hagas a los demás lo que no quieres que te hagan a ti (la Regla de Oro).

Devolver es parte del juego.

Recogemos lo que sembramos.

Una de las normas más dominantes (o regla de comportamiento a la que se adhiere explícita o implícitamente un grupo o sociedad) en todas las culturas es la norma de la reciprocidad. Se espera que las personas den a cambio de lo que reciben y, en general, así sucede.

Lo anterior depende de dos influencias básicas. Cuando alguien nos hace un favor, la mayoría de las personas experimenta tanto un sentimiento de gratitud como de obligación o deuda. Podríamos suponer que la sensación de obligación es la que hace que la gente esté más dispuesta a ayudar, pero la gratitud en sí misma también puede aumentar nuestra decisión de ayudar incluso a aquellos que no han hecho absolutamente nada por nosotros.

Los estudios muestran, por ejemplo, que cuando algo hace que las personas se sientan agradecidas, ellas no solo tienen más probabilidades de ayudar a su benefactor, sino también de socorrer a completos desconocidos que requieren ayuda. (No obstante, tal efecto suele desaparecer después de unos 30 minutos. La gente tiende a no mantener su nivel de agradecimiento. Y estoy segura de que usted ya lo habrá notado)[10].

De hecho, existen tres tipos de reciprocidad, según argumenta una investigación de Frank Flynn[11]. *La reciprocidad personal* es una especie de intercambio negociado o trueque. Algo así como *tú me rascas la espalda y yo te rasco la tuya*. Por ejemplo, cuando unos compañeros de trabajo deciden intercambiar turnos laborales o cuando unos compañeros de cuarto se turnan para lavar los platos, eso es reciprocidad personal. Por lo general, no conduce a ayudar más allá de lo que se negoció explícitamente. Tampoco produce gratitud y los términos del intercambio tienden a satisfacer el sentido de obligación que surge con respecto a cumplir ese compromiso. En esencia, la reciprocidad personal es nada más una transacción.

La reciprocidad relacional, como su nombre indica, es aquella que caracteriza a nuestras relaciones personales (con amigos, pareja, miembros de la familia, etc.). No es un trato explícito, sino que tendemos a ser serviciales los unos con los otros esperando que en un futuro nuestra contraparte en la relación nos apoye cuando sea necesario. Ninguno de los involucrados lleva la cuenta de cuantas veces se han ayudado el uno al otro (a menos que una de las partes falle constantemente a la hora de proporcionar apoyo lo cual suele ser bastante notable y no tiende a terminar bien). La reciprocidad relacional genera tanto gratitud como sentido de obligación. Sin embargo, tal sentido de obligación es solo hacia nuestra contraparte en la relación.

La reciprocidad colectiva es una especie de intercambio generalizado de ayuda a nivel de grupo. Es cuando brindamos una mano porque compartimos una cierta identidad con alguien. Dicha identidad puede cubrir un espectro bastante amplio. Por ejemplo, ayudar a alguien de la misma raza, nacionalidad o religión. También puede tratarse de algo muy específico como ayudar a alguien que trabaja en el mismo departamento, que es miembro de la misma asociación o que practica el mismo deporte.

La ayuda colectiva, al igual que la ayuda relacional, ocurre sin que nos preocupemos por el retorno inmediato de nuestro esfuerzo por ayudar. No esperamos la ayuda de esa persona específica. Más bien, tenemos la esperanza (a menudo implícita) de que ayudar a alguien que es similar a nosotros en algún sentido es de alguna manera bueno para nosotros, ya que podremos esperar la ayuda de otras personas similares cuando la necesitemos.

De cierta forma, existe la impresión de sentirnos un poco controlados, tanto en la responsabilidad relacional como en la colectiva —aquella sensación de que *debería* ayudarle a mi amiga regando sus plantas mientras ella está de viaje; que *debería* ayudarle a mi compañero llevándolo al aeropuerto; que *debería* echarle una mano a mi fanática compañera de *cosplay* cuyo automóvil se averió a un lado del camino. (Y a propósito, lindo disfraz el de la Mujer Maravilla. Me encanta su Lazo de la Verdad).

¿Qué tipo de reciprocidad es la más común? Por lo general, cuanto más cercanas son dos personas, más probable es que pasen de intercambios personales negociados explícitos (la forma más segura de reciprocidad cuando usted aún no sabe cuánto puede confiar en alguien) a la reciprocidad relacional o colectiva a través de lazos de apego o de identidad de grupo.

Desde luego, suelen surgir situaciones incómodas cuando dos personas interpretan su tipo de reciprocidad de manera diferente.

Por ejemplo, cuando una persona la ve como personal y la otra como relacional, las proposiciones de intercambio directo llegan a ser desagradables y a causar conflictos, dañando así la relación como tal. Recuerdo muy bien una ocasión en que alguien que pensé que era mi amiga me preguntó si yo podía cuidar a su gato durante sus vacaciones. La solicitud me produjo *alegría* hasta el momento en que me ofreció $100 dólares por hacerlo. Me sentí demasiado incómoda y un poco insultada de ver que ella sintiera que yo querría una compensación por hacerle un favor. Pensé que nuestra relación ya había *superado ese punto*, por así decirlo. De todas formas, cuidé al gato, por supuesto, pero no lo disfruté.

Esa es una de las desventajas inadvertidas de hacer que las personas se sientan obligadas a ayudarnos. Mientras que la ayuda con entusiasmo y libertad le confiere una gran cantidad de beneficios al ayudante, las personas que dan un sí a regañadientes no experimentan ninguno de dichos beneficios. Incluso pueden comenzar a evadirnos para evitar el dolor de rechazar (o ignorar) nuestras solicitudes.

La evasión suele ser la respuesta que usamos para eludir el dilema de sentirnos controlados por las solicitudes de ayuda de otras personas. Siendo sinceros, evadir es algo que la mayoría hemos hecho en algún momento de nuestra vida. Cuando era estudiante de posgrado y el dinero era escaso, admito que, deliberadamente, evadía a muchos Papá Noel en la calle y a muchos niños de escuela que vendían golosinas de puerta en puerta. Muchas veces, crucé la calle para evitar a alguien con un portapapeles que tuviera la más mínima intención de contarme sobre su digna causa. Incluso hoy en día, sigo rechazando cualquier oferta de ayuda al entrar a una tienda por temor a que, si alguien es amable conmigo, voy a sentir que tengo que comprar algo allí.

Evadir a los demás no nos convierte en malas personas, solo nos hace ser seres humanos. En un estudio, los investigadores les pidieron a los participantes que respondieran preguntas sobre sus planes para el día de Acción de Gracias. A cambio, recibirían un pago por su labor. Los investigadores le dijeron a la mitad del grupo que al final tendrían la opción de quedarse con el dinero o donarlo al Hospital de Niños de St. Jude. Para este grupo, la tasa de participación cayó en más del 10%. Cuando tuvieron la opción de elegir entre quedarse con el dinero (y sentirse como malas personas) o regalarlo (pero sentirse controlados), algunos optaron por retirarse por completo de la investigación[12].

Para recordar

- Cuando buscamos ayuda nos enfrentamos a una difícil paradoja. Aunque los investigadores han observado que hay muchos beneficios sicológicos en el hecho de ser serviciales —pues nos sentimos muy bien ayudándoles a otros—, tales beneficios desaparecen en el momento en que nos sentimos obligados a ayudar.

- Si bien algunas tácticas de influencia comúnmente utilizadas —como preguntarle a la gente previamente: "¿Puedo pedirle un favor?" — aumentan las probabilidades de obtener colaboración, dichas tácticas tienen un costo. Nos hacen sentir atrapados y, por lo tanto, reducen la calidad o la cantidad de ayuda que brindamos.

- La reciprocidad parecería ser la respuesta. Yo lo ayudo, usted me ayuda y todos quedamos contentos. Pero incluso aceptar la ayuda de otra persona tiende a hacernos sentir controlados, como si le quedáramos debiendo algo a dicha persona.

- Si bien estas no son malas noticias para quien busca ayuda, sí son algo complicadas.

Capítulo 5

Los cuatro pasos para obtener la ayuda que usted necesita

Usted va caminando rumbo a su trabajo y de repente ve a un hombre mayor que parece estar dormido en una silla con un periódico abierto en el regazo. Una calle más adelante, ve a una joven intentando encender sin éxito el motor de su auto. Pocos metros después, ve a una mujer de mediana edad con una cámara colgando del cuello y mirando aquí y allá en un mapa, en los edificios y las señales a su alrededor.

Al llegar al trabajo, ve a un colega dirigirse a su escritorio con una caja de archivos bajo un brazo, mientras intenta no derramar el café que lleva en la mano. Otra compañera de oficina lo saluda a toda prisa y vuelve a fruncir el ceño frente al computador, murmurando en voz baja su frustración al no poder entender la hoja de cálculo en la que trabaja. En su correo de voz hay un mensaje de un amigo que quiere reunirse con usted para tomar una copa después del trabajo. Algo en su tono de voz suena inquietante. Sin embargo, usted tiene que entregar un informe mañana, así que le envía un rápido mensaje de texto reprogramando la cita para otro día.

Algunas de estas personas necesitaban de su ayuda, en cambio, otras no tanto. Si los eventos que acabo de describir hubieran ocurrido en la vida real, ¿cree usted que hubiera podido saber quién necesitaba ayuda y quién no?

La respuesta correcta es: lo más probable es que no. En términos prácticos, suele ser muy difícil reconocer cuándo alguien necesita de nuestra ayuda. Es muy probable que usted haya presenciado innumerables veces eventos como los que acabo de mencionar. Muchos de ellos quizá ni se registraron de forma consciente en su mente, pero tal vez sí inconscientemente. A cierto nivel, usted tomó la decisión de si requerían o no de su atención. La mayoría de las veces, pasamos de largo, pero no porque seamos egoístas y desconsiderados, sino porque, cuando las situaciones son ambiguas, los seres humanos tendemos a no meternos en los asuntos de los demás.

Esto significa que cuando nosotros mismos necesitamos ayuda, para los demás este hecho es mucho menos obvio de lo que creemos. La fría indiferencia de su colega ante su lucha contra esa hoja de cálculo, los groseros neoyorquinos que lo ignoran mientras usted busca en vano el lugar donde venden los boletos para ver *El Rey León* a mitad de precio. A lo mejor, estas personas no estén siendo indiferentes, ni groseras en absoluto. Simple y llanamente, *no se están percatando de las necesidades que usted tiene en ese instante.*

Esa realidad nos lleva a comprender cuál es el primer paso para obtener la ayuda o el apoyo que deseamos: debemos asegurarnos de que los demás se den cuenta de lo que nos está sucediendo. Obvio, este no es el único desafío. De hecho, hay cuatro pasos vitales que deben darse para que quienes nos rodean puedan auxiliarnos.

Primer paso: El ayudante debe notar que estamos requiriendo ayuda

Obstáculo: La gente no siempre nota lo que sucede a su alrededor

Por lo general, los seres humanos solemos preocuparnos por nuestros propios asuntos. No le prestamos atención a cada detalle de lo que ocurre en nuestro entorno, incluido a las otras personas; en gran parte, porque sería imposible. Hay demasiado por asimilar. Por lo tanto, somos selectivos. Nos enfocamos, en primer lugar, en aquellos datos que parecen relevantes para nuestros propios objetivos y esta actitud conduce a un fenómeno fascinante, pero generalizado, conocido como *ceguera por falta de atención,* cuyo ejemplo más famoso se denomina la prueba del *gorila invisible.*

Durante uno de sus estudios, los sicólogos Dan Simons y Christopher Chabris (autores del fascinante libro *The Invisible Gorilla)* les pidieron a los participantes que observaran un video de grupos de personas que se pasaban una pelota de baloncesto entre ellas y que contaran la cantidad de pases que ellas se hacían. En cierto momento, una persona disfrazada de gorila pasa caminando, pero no interactúa con la pelota. Cuando se les preguntó al final del video si habían visto algo fuera de lo común, el 50% de los participantes dijo que no. *No habían notado en absoluto al gorila* porque estaban muy preocupados contando los pases.

Estudios posteriores han demostrado que, por lo general, cuando las personas se centran en un objetivo o tarea en particular, o cuando hay un alto grado de *carga perceptiva* (es decir, muchas imágenes y sonidos que compiten por su atención), es probable que se produzca algún tipo de ceguera por falta de atención. Es por eso que, en entornos sobrecargados o ruidosos, como las grandes ciudades, es menos probable que las personas noten que alguien necesita ayuda. En consecuencia, es menos probable que se ofrezcan a colaborar, en comparación con la gente que habita en áreas más tranquilas y rurales[1]. Los neoyorquinos no son necesariamente menos amigables. Lo que ocurre es que son bombardeados por un flujo constante de imágenes y sonidos a los que una persona promedio (por ejemplo en Twin Lakes, Minnesota) no está acostumbrada. Y si el 50% de ellos no nota a alguien con traje de gorila a plena vista, ¿cuáles son las probabilidades de que nuestro compañero de oficina se dé cuenta de que necesitamos una mano con esa caja de archivos?

Un entorno bullicioso no solo tiende a dificultar que los demás noten nuestra necesidad de ayuda. A veces, el problema también proviene de los propios ayudantes potenciales. Los estudios muestran, por ejemplo, que las personas con estados de ánimo negativos (ansiosas, deprimidas o frustradas) tienen menos probabilidades de prestarles atención a otros o de notar las necesidades de los demás[2]. Del mismo modo, se ha demostrado que estar en una posición de poder relativo sobre los demás (como un gerente con respecto a sus empleados) suele alejar la atención que el líder les presta a los subordinados, ya que la centra en sus metas propias[3]. Solemos buscar ayuda del más poderoso entre nosotros, ya que es quién tiene los mejores medios para colaborarnos. Lo irónico del asunto es que suelen ser los poderosos quienes tienen menos probabilidades de notar que estamos en problemas.

Segundo paso: El ayudante necesita estar seguro de que deseamos obtener ayuda

Obstáculo: Las personas no pueden leer la mente

A veces, los demás no ofrecen ayuda no porque ignoren que algo anda mal, sino por lo que los sicólogos llaman *inhibición ante la audiencia,* que se define como nuestro miedo a parecer tontos frente a otras personas[4]. En el caso de prestar ayuda, hay dos principales fuentes de inhibición. En primer lugar, nos preocupa malinterpretar una situación *(tal vez esa persona que se sacude con fuerza en la piscina lo único que tiene es una extraña técnica de natación...)* y sentir el doloroso aguijón de la vergüenza en caso de equivocarnos. En segundo lugar, sabemos que hay personas que se irritan cuando les ofrecemos una ayuda que ellas no solicitaron. Después de todo, el hecho de que alguien tenga dificultades para superar una situación no significa que ese alguien haya renunciado a enfrentar el desafío por su cuenta. Incluso cuando está claro que podría beneficiarse de la ayuda, no siempre significa que la *quiera.*

Comencemos con la primera fuente de inhibición: ¿cómo determinamos si la necesidad de ayuda de los demás es genuina cuando nadie grita "¡Por favor, ayúdenme!"? La respuesta es: mirando a los otros posibles ayudantes que tenemos a nuestro alrededor para ver cómo están reaccionando *ellos.* Si vemos que otros se preparan para actuar o incluso parecen preocupados, se valida nuestra sensación de que algo anda mal. Pero cuando las otras personas *no* reaccionan, cuando permanecen tranquilas y continúan con sus asuntos, casi siempre, nosotros tampoco reaccionamos. Es extraordinario observar hasta qué punto resulta ser cierta esta última afirmación.

Analicemos, por ejemplo, los famosos estudios realizados en la década de 1960 por Bibb Latane y John Darley, de la Universidad de Princeton. Les dijeron a un grupo de estudiantes que se sentaran en un salón a llenar unos cuestionarios de forma individual o con otros dos estudiantes que, en realidad, eran ayudantes en el experimento. Después de un rato, se comenzaba a verter humo en la habitación a través de un respiradero. Cuando el participante estaba solo, se alarmaba y buscaba ayuda de inmediato. Pero cuando estaba con los dos estudiantes, quienes ignoraban el humo a propósito, el participante no hacía *nada*. El humo era tan espeso que incluso era difícil leer los cuestionarios. Sin embargo, el participante se quedaba quieto, deduciendo que la falta de reacción de los otros estudiantes significaba que no había motivo para alarmarse. En un estudio similar, los participantes tampoco respondieron ante los desesperados gritos de dolor de una mujer en una habitación contigua cuando los ayudantes del experimento fingieron ignorar la situación[5].

Hasta cierto punto, tiene sentido que miremos a los demás para que nos ayuden a comprender situaciones ambiguas. Pero en cierta forma, esto también resulta bastante aterrador. La mayoría de las veces, no hay razón para creer que las otras personas involucradas poseen información más clara o más conocimiento que nosotros. Sin embargo, nos comportamos como si así fuera, confiando en una sabiduría colectiva que bien podría convertirse en estupidez colectiva.

Ahora, pasemos a la segunda fuente de inhibición ante la audiencia: miedo a que la ayuda no sea aceptada. Además de la preocupación real de que el posible beneficiario haya querido resolver el problema por su cuenta, también existen *normas* estrictas o reglas no escritas en la sociedad que tienden a influir en qué tan bienvenida es la ayuda. Quizá, la más conocida de estas es la norma de la *privacidad familiar*, la cual hace que las personas sean reacias a interferir en asuntos domésticos, por ejemplo entre esposos o entre padres e hijos.

Un ejemplo aterrador de esta norma en acción proviene de un estudio realizado a principios de la década de 1970 por Lance Shotland y Margaret Straw. Los investigadores montaron una escena de un asalto en público de un hombre a una mujer frente a testigos tanto masculinos como femeninos. Cuando la mujer gritaba: "¡No te conozco!", el 65% de los transeúntes intervenía para tratar de detener el ataque. Pero cuando ella gritaba: "¡No sé por qué me casé contigo!", solo el 19% de la gente a su alrededor intervino[6].

¿Qué sucede cuando la relación entre el hombre y la mujer no está clara? En otro estudio, más de dos tercios de los participantes que vieron una película muda donde un hombre atacaba a una mujer *asumieron* que se trataba de amantes o cónyuges, a pesar de que nada en la película sugería que así fuera. En otras palabras, la norma de la privacidad familiar suele interferir en la obtención de ayuda, incluso cuando no existe una relación familiar cuya privacidad deba ser respetada.

Parte del problema es que, en general, asumimos que si alguien requiere ayuda, la va a buscar. Esperamos que sean *los demás* quienes recurran a *nosotros*, olvidando lo incómodo y vergonzoso que puede ser pedir ayuda y lo renuentes que somos la mayoría de nosotros. (Por ejemplo, en un estudio realizado al comienzo de un semestre, los investigadores le preguntaron a un grupo de asistentes de enseñanza cuántos estudiantes creían ellos que se les acercarían en busca de ayuda durante el curso. La mayoría sobreestimó la cantidad de estudiantes que buscarían ayuda entre un 20% y un 50%[7]).

Tanto el peligro de una mala interpretación como el temor de que la ayuda no sea bienvenida crean obstáculos significativos para los posibles ayudantes. Cuando usted es la persona que necesita ayuda, le conviene eliminar estos obstáculos. La buena noticia es que el medio para eliminarlos es bastante simple: *solicite ayuda de forma directa.*

Sé que esta tal vez no sea la respuesta que usted esperaba. Todos preferiríamos que los demás intuyeran nuestras necesidades con precisión y, en consecuencia, nos ofrecieran su ayuda, pero no es así como funcionan las cosas. Cuando los demás van por la vida asumiendo que vamos a pedirles ayuda si la necesitamos, entonces, pedir ayuda es nuestra única opción.

La gran mayoría de los comportamientos prosociales se produce, como es de esperarse, en respuesta a solicitudes específicas de asistencia[8]. En el lugar de trabajo, se estima que entre el 75% y el 90% de la ayuda que los colegas se brindan entre sí corresponde a solicitudes directas[9]. Casi la mitad de los estadounidenses que se ofrecen como voluntarios en organizaciones benéficas y públicas aseguran que se involucraron en ello como resultado de una solicitud de la propia organización o mediante un amigo, familiar o compañero de trabajo que también se ofreció como voluntario[10].

Solicitar ayuda directa resuelve los obstáculos tanto del primero como del segundo paso. Cuando somos proactivos y dejamos en claro nuestras necesidades, es más probable que nuestro benefactor potencial lo note y se sienta más seguro de que la ayuda será bienvenida.

Tercer paso: El ayudante debe asumir la responsabilidad de ayudar

Obstáculo: Mucha gente podría ayudar. Entonces, ¿por qué yo?

Si alguna vez usted ha tomado un curso de sicología social, es posible que haya escuchado la terrible y trágica historia de Kitty Genovese. En realidad, la historia no sucedió de la manera en que fue reportada inicialmente. Sin embargo, ese reporte inicial inspiró la investigación que condujo a una de las ideas más importantes y problemáticas de la sicología social relacionada con por qué las personas ayudan (y por qué no)[11].

Una madrugada de marzo de 1964, cuando regresaba después del trabajo a su apartamento en Queens, Genovese, de 28 años de edad, fue brutalmente atacada y asesinada. Su asesino fue Walter Moseley, un operador de máquinas de 29 años. El ataque, que duró media hora, ocurrió en el patio de su edificio y Genovese pidió ayuda varias veces. Esa parte no está en disputa. La parte que se disputa, y que llevó a tanta gente a horrorizarse por el relato del asesinato publicado en *The New York Times* es que la Policía afirmó que, aunque muchas personas escucharon los gritos de auxilio de la mujer, e incluso habrían presenciado parte del ataque, nadie acudió en su ayuda[12]. Investigaciones más recientes sugieren que muchos vecinos de la mujer no escucharon, ni presenciaron el crimen. De los que sí se percataron del ataque, dos llamaron a la Policía, uno le gritó al asaltante y lo asustó, mientras que otro más salió a sostener a Genovese en sus brazos mientras ella agonizaba[13].

Durante años, la muerte de Kitty Genovese se usó como evidencia de la extrema indiferencia e insensibilidad de los neoyorquinos, considerados demasiado insensibles para no ayudar a una mujer moribunda en su propia entrada. Más recientemente, este caso se ha utilizado como ejemplo de apatía policial, tanto hacia la violencia contra las mujeres como hacia la violencia en ciertos vecindarios. El horror de la historia, como se reportó de manera errónea al principio, sirvió de inspiración para numerosos libros, películas, podcasts y adaptaciones. También dio origen a una gran cantidad de investigaciones académicas sobre el *efecto espectador*.

Los investigadores Latane y Darley fueron los primeros en proponer que no fue ni insensibilidad, ni ignorancia lo que impidió que la gente ayudara. Su conclusión fue que había *demasiados* ayudantes potenciales.

Suponga que usted va conduciendo por una carretera secundaria y aislada. De pronto, ve a una anciana al costado de la carretera, varada en su automóvil, con las luces de emergencia encendidas. ¿Pararía para ayudarla? Es muy probable que sí, porque usted sabe que a lo mejor no pasará otro automóvil por esa carretera durante horas. Si usted no la ayuda, tal vez, nadie lo haga.

Ahora, suponga que va conduciendo por una calle concurrida de la ciudad y encuentra a esta misma anciana con las luces intermitentes encendidas. ¿Se detendría para ayudarla esta vez? Es casi seguro que no. Después de todo, con tanta gente alrededor, ¿por qué debería ser usted quién la ayude? Latane y Darley acuñaron la frase *difusión de responsabilidad* para capturar la diferencia entre estos dos escenarios. Cuantas más personas *haya* para ayudar, más ambiguo será para todos los involucrados quién *debería* ayudar.

Para probar su teoría, Latane y Darley organizaron un elaborado experimento. Los participantes se sentaban solos en una habitación con un micrófono. Se les hacía creer que tendrían una conversación privada con uno a cinco participantes más y que los experimentadores no los escucharían. En realidad, no había más personas en el experimento. De hecho, cada uno escuchaba la misma versión del otro participante, quien manifestaba tener epilepsia. De repente, este comenzaba a tener convulsiones, pedía ayuda y luego se quedaba en silencio.

Cuando los participantes creían que eran los únicos que habían escuchado lo que había sucedido, el 100% decidió buscar ayuda. Pero cuando pensaban que una tercera persona lo había escuchado, solo el 80% buscó ayuda. Más aún, cuando pensaban que seis personas lo habían escuchado, solo el 60% buscó ayuda.

Latane y Darley también notaron que, incluso cuando las personas no buscaban ayuda, estaban lejos de sentirse tranquilas al respecto. Casi siempre, los participantes en grupos de tres y seis personas tardaron más en buscar ayuda, aunque parecían visiblemente confundidos y agitados. Como que no sabían cómo comportarse en una situación en la que su propio papel no estaba claro. *¿Quizás, otra persona ya fue a buscar ayuda? ¿Debería hacer algo o simplemente esperar?*[14].

Estudios posteriores han observado el mismo efecto una y otra vez. Cuantos más espectadores haya cuando alguien requiere ayuda, menos probable es que alguien intervenga de manera efectiva. No es insensibilidad. Es confusión sobre quién es el que tiene la responsabilidad de ayudar. *"Sé que esta persona necesita ayuda, pero ¿por qué debería ser yo quien se la brinde?"*.

Una de las formas más comunes en las que sufrimos las consecuencias de la difusión de responsabilidad en nuestra vida cotidiana es cuando cometemos un error clásico: pedir ayuda mediante un correo electrónico grupal. No hay nada como recibir un correo impersonal solicitando ayuda para sentirse menos obligado a hacerlo. "¿A cuántos más les está pidiendo ayuda este remitente para promocionar su producto, que le revisen su libro o le echen una mano con su nuevo proyecto? ¿A docenas, a cientos de personas?

Si no se toma la molestia de solicitar mi ayuda de forma directa, para mí es claro que hay muchas otras personas que podrían ayudarle. Siendo honesto, no siento la más *mínima* responsabilidad de hacerlo".

Por lo tanto, cuando usted necesite ayuda, tenga en cuenta que tendrá que aclarar cualquier ambigüedad. Debe darle a su benefactor un claro sentido de responsabilidad para ayudarlo. Tómese el tiempo para solicitarles ayuda directa a las personas. Envíe correos electrónicos únicos y personales cuando necesite ayuda. De lo contrario, será demasiado fácil ignorar su solicitud.

Paso cuatro: El ayudante debe estar en capacidad de proporcionar la ayuda solicitada

Obstáculo: La responsabilidad compartida tiende a ser un problema

Sin lugar a duda, usted es una persona ocupada. Es posible que tenga el calendario repleto de citas y una lista de tareas de más de un kilómetro. Siente escalofríos de solo pensar en la cantidad de compromisos y responsabilidades que tiene. Por eso, muchas veces, evita involucrarse en algo más. Entonces, cuando alguien le pide un favor, o cualquier otra forma de apoyo, aun cuando a usted le gustaría colaborar, lo más seguro será que se niegue a hacerlo. Cuando la gente está ocupada o va de afán, la mayoría de las veces, su primera respuesta es apresurarse a decir que no sin detenerse a pensar en la probabilidad que exista de hacer un cambio de prioridades o de ajustar su agenda. Este comportamiento no tiene que ver con que la gente sea perezosa o egoísta, sino con el hecho de que estar ocupados, literalmente, le pasa una exorbitante factura a nuestro cerebro. Pensar en muchas cosas a la vez o trabajar dentro de plazos ajustados reduce nuestra memoria de trabajo, limita nuestra atención y nos obliga a tomar atajos mentales en lugar de llevarnos a reflexionar sobre las cosas de una manera mesurada.

Y quizá, no exista un mejor y claro ejemplo del efecto que tiene el hecho de estar siempre ocupados que un estudio realizado con los estudiantes de un seminario de Princeton a quienes se les pidió que impartieran una charla sobre la Parábola del Buen Samaritano.

En caso de que usted no esté familiarizado con dicha parábola, se la presento a continuación:

> "Y, ¿quién es mi prójimo?". Jesús respondió: "Bajaba un hombre de Jerusalén a Jericó y cayó en manos de salteadores que, después de despojarlo y golpearlo, se fueron dejándolo medio muerto. Por casualidad, bajaba por aquel mismo camino un sacerdote y, al verlo allí tumbado, se alejó del lugar. De igual modo, un levita que pasaba por allí, lo vio y también se alejó. Pero un samaritano que iba de paso, llegó junto a él y, al verlo, tuvo compasión; y acercándose, vendó sus heridas echando en ellas aceite y vino; y montándolo sobre su propia cabalgadura, lo llevó a una posada y cuidó de él. Al día siguiente, sacando dos denarios, se los dio al posadero y le dijo: 'Cuida de él y, si gastas algo más, te lo pagaré cuando vuelva'. ¿Quién de estos tres te parece que fue prójimo del que cayó en manos de los salteadores?" El hombre dijo: "El que practicó la misericordia con él". Jesús le dijo: "Vete y haz tú lo mismo"[15].

Los investigadores John Darley y Daniel Batson invitaron a los estudiantes del seminario en Princeton a participar en un estudio sobre "educación religiosa y vocaciones". Los seminaristas comenzaban el estudio en un edificio, donde llenaban una serie de cuestionarios. Luego, los investigadores les pedían que se reportaran en otro edificio al otro lado del campus para la segunda parte del estudio, donde tendrían que dar una charla. A la mitad de los participantes, les decían que la charla sería sobre los tipos de trabajos más adecuados para los estudiantes del seminario. A la otra mitad, les pedían que compartieran y explicaran la Parábola del Buen Samaritano.

Luego, alteraban el estado de ánimo de la mitad de los seminaristas, haciéndolos sentir muy ocupados y bajo mucha presión. Justo antes de que tuvieran que caminar hasta el otro lado del campus, uno de los experimentadores miraba su reloj y les decía: "Ya van tarde, los esperaban desde hace rato. Es mejor que se apresuren, el asistente los está esperando, más vale que se apuren. Solo tomará un minuto".

Al caminar entre los edificios, los seminaristas pasaban junto a una "víctima". A plena vista, se encontraban a una persona desplomada en el piso con los ojos cerrados. Cuando ellos pasaban, la víctima tosía dos veces, mientras gemía bajando la cabeza.

Cabe enfatizar que los participantes en el experimento no eran estudiantes universitarios típicos, sino estudiantes de *seminario*, dedicados al aprendizaje y la práctica de los principios religiosos. Tomando esto en cuenta, ¿qué porcentaje de los participantes cree usted que se detuvo para ofrecerle ayuda a la supuesta víctima?

En total, el 60% de los participantes no le ofreció a la víctima *ningún tipo de ayuda*. Y entre aquellos a los que se les dijo que iban tarde y que debían apurarse, solo el 10% se la ofreció.

Y ¿qué pasó con los participantes a los que se les dijo que hablarían sobre la Parábola del Buen Samaritano, literalmente, *justo antes* de encontrarse con la víctima? Después de llenarse de pensamientos de compasión y generosidad, ¿no debieron ellos ser más propensos a notar a la víctima y, en consecuencia, a responder a sus necesidades?

Una vez más, no fue así. El tema de la charla que darían no tuvo *ningún impacto* en la probabilidad de que ellos prestaran ayuda. En palabras de Darley y Batson: "De hecho, en varias ocasiones, un estudiante del seminario que iba a dar su charla sobre la Parábola del Buen Samaritano, literalmente, pisó a la víctima mientras caminaba apresuradamente"[16]. (Imaginarme esa situación siempre me ha parecido horrible e hilarante).

Asumiendo que no se trata de una emergencia vital, sino de una simple solicitud de ayuda cotidiana, es esencial recordar que, a menudo, la gente está bastante ocupada. Cada uno tiene sus propios objetivos y, a veces, hasta le toca hacer malabarismos para lograrlos. Si usted hace estas tres cosas, hay más probabilidades de que reciba ayuda de una persona ocupada.

Primera, *sea explícito y dé detalles* sobre lo que está pidiendo, incluyendo cuánto esfuerzo requerirá el hecho de ayudante. Es probable que solicitudes vagas como "Contactarme con usted con respecto a su trabajo" o "Echarme una mano con algo" hagan que la gente piense que la solicitud es demasiado grande y que por ende no tengan ni el tiempo, ni la energía para ayudarle. En segundo lugar, procure que la solicitud de ayuda sea de una magnitud *razonable* —algo que la otra persona pueda hacer, considerando que tenga muchos otros compromisos—. Y la tercera, esté *abierto* a aceptar ayuda diferente a la que solicitó. No se obsesione por no conseguir lo que quería. En lugar de eso, enfóquese en fortalecer su relación aceptando la ayuda ofrecida y tenga en cuenta que esta podría ser mucho más útil de lo que usted cree.

En resumen, a la hora de brindar asistencia, su benefactor debe notar con total claridad que usted tiene una necesidad y estar convencido de que usted desea su ayuda. Lo anterior es más fácil si usted le pide ayuda directa y explícita. No ande por las ramas. Su benefactor también debe asumir la responsabilidad de ayudarle, lo cual sucede más a menudo cuando las solicitudes se le hacen específicamente a un individuo en lugar de a un grupo en general. Por último, su potencial ayudante también tiene una vida personal llena de compromisos. Haga una solicitud razonable y clara y esté abierto a aceptar cualquier tipo de ayuda que le ofrezcan.

Para recordar

- El primer paso para obtener la ayuda que usted desea de los demás es asegurarse de que ellos vean su necesidad con absoluta claridad. En general, las personas no nos prestan tanta atención como suponemos. La gente suele estar más preocupada con sus propios asuntos.

- Usted debe asegurarse de que sus posibles benefactores sepan que les agradecerá la ayuda que le brinden. La gente sabe que nos podemos incomodar si recibimos ayuda no solicitada, por lo que debemos comunicar claramente que requerimos de ayuda.

- Procure que su ayudante potencial asuma la responsabilidad de ayudarle. Cuando usted le pide ayuda a un grupo grande (por ejemplo, a través de un correo electrónico a muchos destinatarios), no está claro por qué debería ser yo quien le ayude.

- Recuerde que sus necesidades no son la única prioridad de su ayudante potencial. La gente suele tener otros compromisos. Debemos estar abiertos a permitir que nos ayuden de otras maneras en caso de que los demás no puedan responder a nuestra solicitud inicial.

No genere situaciones extrañas

Mi amigo Thomas Wedell-Wedellsborg, coautor de *Innovation as Usual,* me ha ayudado infinidad de veces. También le he visto decir que no a muchísimas peticiones, así que sé que su generosidad tiene límites, al igual que la mía. Hace poco, me contó sobre una vez que le ayudó a alguien. La historia me llamó la atención tanto por la forma como ilustra los resultados de la investigación sobre los beneficios de dar, como por su refrescante grado de franqueza sobre el tema, algo bastante típico en Thomas:

> Venía en un vuelo de regreso, después de hacer una charla en Singapur, y me encontré en el aeropuerto con una amiga de mi mamá que había estado visitando a su hijo quien vive allá. Cuando estábamos abordando, me llamaron primero a mí porque yo venía en clase de *negocios* y me di cuenta de que ella estaba en clase de turista.

> Cuando subí al avión, miré hacia la clase de turista y fui tan egoísta de pensar: "¿Podría yo sobrevivir 12 horas aquí?" y

concluí que sí. Entonces, cuando ella abordó el avión, le dije: "Su tiquete está mal". La llevé a mi asiento en clase de negocios y yo me acomodé en el asiento que era de ella en clase de turista.

Esa fue una decisión parcialmente calculada. Por supuesto que quería agradarla… pero además, estaba seguro de que este hecho tendría repercusiones positivas en el club de bridge de mi mamá. "¡Oh, qué tipo tan maravilloso!" y otros comentarios por el estilo. Así que, en parte, mi decisión fue motivada por mi egoísmo.

Pero aquí va lo interesante. Después de cederle mi silla, y viendo lo feliz que ella se puso, me senté en la clase turista y mantuve una gran sonrisa durante una hora. Experimenté una enorme alegría. Me sorprendió la intensidad de mi sentimiento al haberlo hecho, al ser alguien que hizo semejante cosa. Aquel día, hubo dos personas muy felices en ese vuelo.

Uno de los conceptos erróneos más comunes acerca de dar es que, cuando lo hacemos de forma correcta, es 100% por la otra persona. Pensamos que, cuando damos, no lo hacemos por nosotros mismos. Pero esto no tiene sentido. A menudo, o casi siempre, la decisión de ayudarle a otra persona es, por lo menos parcialmente, motivada por cómo nos vemos a nosotros mismos y por cómo el hecho de ayudar nos hará sentir. Y esto es algo bueno, porque los beneficios de ayudar le brindan *al ayudante* una poderosa fuente de motivación. Es tan bueno que logra que un hombre completamente racional e inteligente esté dispuesto a viajar 12 horas en clase de turista.

Es claro que si, al haber visto que Thomas viajaba en clase *de negocios,* la amiga de su mamá se le hubiera acercado y le hubiera dicho: "Tommy, ¿te gustaría que intercambiemos nuestras sillas?", Thomas habría sentido algo muy diferente.

Maneras de complicar las cosas

Pedir ayuda es complicado, porque no se trata solo de lo que decimos o hacemos. Lo que *no* decimos o *no* hacemos también es importante. Mencioné en el Capítulo 4 que existe una paradoja inherente al hecho de pedir ayuda. El solo hecho de pedirla puede quitarle parte de su motivación intrínseca al ayudante potencial. Habiendo dicho esto, hay varias cosas específicas que solemos decir y que tienden a producir un efecto indeseado. En este capítulo, analizaremos varias de las formas más comunes en las que la gente con buenas intenciones comete un error y hace que las cosas se le tornen raras al ayudante.

Exagerar con la empatía

La empatía es un poderoso motivador de la ayuda. Es provocada cuando percibimos que alguien o algo tienen una necesidad, cuando valoramos su bienestar, y sobre todo, cuando asumimos su perspectiva, es decir, cuando nos ponemos en sus zapatos. En esencia, esto crea un sentido por lo menos temporal de reciprocidad colectiva compartida (como lo abordamos en el Capítulo 4, se trata de que le ayudamos a alguien porque compartimos algo en común con esa persona).

En el caso de la empatía, el sentido de reciprocidad se basa en una experiencia compartida e *imaginada*. Podemos entender *cómo se sentiría* uno al estar varado al lado de una carretera, al no tener ropa limpia o al no poder entender las extrañas instrucciones suecas que aparecen en un manual para armar un mueble. Entonces, paramos a ayudarles a personas varadas, les lavamos la ropa a nuestros amigos (aunque sea algo que *detestemos hacer*) y les ayudamos a armar sus estantes de IKEA.

Lo maravilloso de la empatía es que, ya que se basa en la imaginación, podemos sentirla hacia personas que no conocemos y en situaciones en las que nunca hemos estado. Podemos incluso sentirla hacia otros en situaciones poco probables. Por ejemplo, los amantes del cine pueden sentirse terriblemente preocupados por Matt Damon como astronauta en *The Martian*, aunque saben que no es posible para los actores de Hollywoord (ni para nadie más) ir a Marte y mucho menos quedarse allá. Sin embargo, se lo imaginan tan claramente que hasta quisieran poder hacer algo para ayudarle.

Si usted la aplica en justa medida, la empatía es una forma muy efectiva de recibir apoyo. Pero no si exagera. Porque decir cosas como "comparto tu dolor" dejan de ser ciertas y de funcionar en momentos en que el dolor de los demás es demasiado grande. En esos casos, es muy probable que aquellos en quienes usted busca despertar empatía se queden callados y traten de alejarse de usted lo más rápido posible y casi sin brindarle ninguna clase de ayuda.

El ejemplo en el que siempre pienso es un comercial de televisión de American Society for the Prevention of Cruelty to Animals (ASPCA, por su sigla en inglés). Yo amo a los perros. Los he amado toda mi vida. Creo que nadie podría amarlos más que yo. Sin exagerar, mi sueño es irme a vivir un día a una de esas granjas enormes donde pueda dejar que los perros corran libres y donde sean cuidados con todos los lujos posibles. Pero no logro *tolerar* durante más de un par de segundos el comercial de ASPCA con el fondo musical de "Angel", la triste canción de Sarah McLachlan. Es desgarrador ver a todos esos perros y gatos con ojos tristes encerrados en jaulas mientras suena esa que es la canción más desgarradora de todas. Y no soy solo yo. Mis dos hijos, que también aman a los animales, empiezan a gritar "¡Quítala, quítala!" cuando escuchan los acordes iniciales.

Soy donante de varias organizaciones locales y nacionales de rescate animal, incluida ASPCA, pero ese comercial no ha logrado aumentar mi generosidad. Lo que sí ha logrado es que sea cautelosa de ver los canales en los que lo emiten al aire. Y estoy segura de que yo no soy la única que hace y siente eso.

Así que le recomiendo que use la empatía con precaución, como una herramienta para encontrar ayuda. De lo contrario, podría lograr el efecto contrario al que usted está buscando.

Pedir demasiadas disculpas

¿Alguna vez ha tenido la incómoda experiencia de escuchar demasiadas disculpas cuando alguien le pide ayuda? "Heidi, me da tanta pena pedirte esto, pero me vendría muy bien un poco de tu ayuda para hacer esta tarea. Me muero de la pena de pedírtela. Me gustaría poder hacerlo sola y sé que estás muy ocupada. De verdad, detesto tener que pedirte este favor". ¡Uf!

Recibir una solicitud como esta es terrible. Por supuesto, lo más probable es que tanto usted como yo diríamos que sí solo para salir ya de eso. Pero sin duda, esta clase de petición entraría en la categoría de *ayuda controlada: estoy haciéndolo porque tengo que hacerlo, no porque quiero.*

La música y antes artista callejera Amanda Palmer escribió en su profundo libro *The Art of Asking* sobre sus experiencias como artista que vivía de las donaciones. Ella afirma que, cuando les daba consejos a otros artistas, con frecuencia los exhortaba a dejar de pedir disculpas por tener esa necesidad, porque como ella bien lo señaló, las disculpas generan *distancia.*

Se entiende de forma implícita que las personas que pertenecen al mismo equipo —aquellas que comparten un sentido de reciprocidad relacional o colectiva— se apoyarán de vez en cuando las unas a las otras y que ese apoyo será *recíproco*. Las disculpas que acompañan una solicitud de ayuda implican sutilmente que nosotros *no* somos parte del mismo equipo. De lo contrario, ¿por qué disculparse? En este sentido, pedir disculpas afecta nuestra identidad grupal compartida, pues aumenta la brecha entre nosotros y coacta nuestros sentimientos de interrelación.

Si usted pide ayuda porque hizo algo mal, ya sea que no cumplió con una fecha importante o porque tuvo un roce innecesario con un cliente y ahora necesita que alguien solucione las cosas, eso es diferente. En ese caso, pida disculpas por causar el error.

Pero en general, evite pedir disculpas cuando solicite ayuda. En lugar de eso, haga la solicitud y exprese su aprecio cuando alguien le ayude. Eso es mucho más satisfactorio para todos.

Dar demasiadas explicaciones

A menudo, las personas que buscan ayuda se enfocan tanto en establecer que no son débiles, ni codiciosas que le restan importancia a la labor del ayudante y se la dan a sí mismas. Dicen cosas como: "No suelo ser la clase de persona que pide ayuda" o "No te pediría esto si tuviera otra opción" o incluso "Detesto tener que pedirte este favor, pero...".

Ese impulso es entendible. Pedir ayuda es incómodo. Las personas a las que les pedimos que nos echen una mano *podrían* sentir que les están imponiendo algo. Pero usar expresiones como estas no es la forma de hacerlas sentir mejor. Yo no siento mucha satisfacción personal al ayudarle a usted si sé que detesta tener que pedirme ayuda o que se siente muy mal por tener que solicitar mi colaboración.

Y así como vimos con la reciprocidad colectiva o relacional, cualquier intento por volverla un tipo de ayuda transaccional —*"Esto es lo que usted recibirá si me ayuda"*— reduce la posibilidad de que el ayudador se sienta bien consigo mismo por ayudar.

Entonces, incluso si usted se siente un poco incómodo al pedir ayuda, trate de no transmitírselo al ayudante potencial. Mantenga una actitud positiva y relajada. Preocúpese un poco menos por cómo lo ve su posible ayudador y enfóquese más en cómo él o ella se sienten.

Enfatizar demasiado que a la otra persona le encantará ayudar

"¡Te fascinará! ¡Será súper divertido!". Una de mis colaboradoras tiene una amiga de toda la vida que tiene el hábito de solicitarle ayuda con frases como esta. Dice cosas como: "¿Me ayudas a pintar la sala de mi apartamento este fin de semana? Nos tomamos unas cervezas y nos ponemos al día. ¡Sería un momento solo para chicas!". También dice: "Oye, ¿me recoges en el mecánico? ¡No te veo hace mucho! Podríamos charlar por el camino". Que su amistad haya podido sobrevivir a este tipo de solicitudes de ayuda demuestra la fuerza de su relación.

Nunca trate de convencer a nadie explícitamente de que ayudarle a usted será gratificante para esa persona. ¿Quiere saber por qué? Tal vez, usted esté pensando: *"¡Pero si usted ha estado hablando de que ayudar hace feliz a la gente!"*.

Sí, es cierto que ayudar hace feliz a la gente, pero recordárselo termina por eliminar esa alegría. Primero, implica manipulación y control, lo que disminuye el sentido de autonomía del ayudador. Segundo, es demasiado presuntuoso. Cualquiera piensa: *"No me diga cómo me voy a sentir, grandísimo tonto. Eso lo decido yo"*.

Ahora, *sí* está bien mencionar los beneficios de prestar ayuda si usted logra hacerlo de forma un poco más sutil, con frases más generales como: "Donar es una forma de retribuirle a la comunidad", en vez de enfocarse específicamente en el ayudante. Pero tenga cuidado de no mencionar demasiados beneficios y no mezcle razones egoístas (beneficios propios) con razones altruistas (beneficios para los demás), pues esto hace que la manipulación sea notable[1].

Por ejemplo, en un estudio, un promedio de casi mil exalumnos que nunca habían donado a su universidad fueron contactados por correo electrónico por recaudadores de fondos. La solicitud tenía tres versiones: (1) egoísta: "Los exalumnos han mencionado que donar los hace sentir bien", (2) altruista: "Donar es su oportunidad de marcar una diferencia en la vida de los estudiantes, los profesores y el personal" y (3) una combinación de ambas versiones previas. Los investigadores encontraron que tanto las solicitudes egoístas como las altruistas fueron igual de eficaces, en cambio, con la solicitud combinada, las donaciones se redujeron a la mitad.

Querer hacer ver que la ayuda que usted necesita no es más que un favor pequeño e insignificante

Ya que pedir ayuda nos hace sentir muy incómodos, y como esperamos que las personas nos digan que no, una táctica común es pretender hacer ver que la ayuda que necesitamos es un favor pequeño, mísero y casi invisible e insignificante. Enfatizamos en que dicha ayuda no generará ningún inconveniente para el ayudante cuando decimos: "¿Me haría el favor de dejar estos contratos donde el cliente? La dirección queda de camino a su casa". También estaría bien enfatizar en el hecho de que al posible ayudante le tomará muy poco tiempo hacernos el favor: "¿Me ayudaría a actualizar esta información en la base de datos? Le tomará solo cinco minutos". El asunto es que, cuando minimizamos nuestra solicitud, también estamos minimizando la ayuda que recibimos de la persona y, además, le arrebatamos esa cálida sensación que genera el hecho de ayudar.

También existe el riesgo, no tan insignificante, de que hayamos calculado mal la proporción del favor que estamos pidiendo, sobre todo, si la persona a la que le estamos pidiendo ayuda trabaja en algo que nosotros no entendemos del todo.

De vez en cuando, mi editora recibe un correo electrónico de un viejo amigo en el que le pide que revise algo que él está escribiendo en ese momento. Por lo general, pareciera solo una pequeña solicitud. Por ejemplo: "Pienso que mi escrito está bastante limpio. ¿Podrías hacerle una pequeña revisión? No creo que te tome mucho tiempo". Pero cuando ella abre el archivo adjunto, el texto en cuestión suele ser un artículo académico de 6.000 palabras. Excepto la vez que se trataba de una monografía completa. Sí, todo un libro.

El asunto es que yo no creo que estas personas que solicitan este tipo de favores sean egoístas. Sencillamente, desconocen. No tienen ni idea de las horas (y horas) de trabajo que su solicitud implica para los demás. Y como no entienden el trabajo que hay que hacer, no saben cuánto cobraría, por ejemplo, un editor *freelance* por hacer algo así. Lo que están haciendo con esta clase de peticiones, sin darse cuenta, es enviarle el mensaje a su ayudador de que ellos piensan que el trabajo que él o ella hacen es fácil, rápido, trivial y no muy difícil. Y esa no es una gran manera de pedir ayuda.

También es posible que usted no entienda para nada el trabajo de sus colegas. Muchos suelen quejarse en voz baja de lo rígidos y lentos que son quienes trabajan en áreas como informática, recursos humanos, cumplimiento, ventas, mercadeo, o de lo desordenados y derrochadores que suelen ser. Una queja común es: "¿Qué hacen todo el día?". En serio, ¿qué? Si usted no sabe, no presuma que a ellos no les toma mucho tiempo hacer lo que hacen.

Recordarle a alguien que le debe un favor

"¿Recuerdas cuando yo me hice cargo de ese cliente tan difícil que tenías?"

"¿Recuerdas la vez que cuidé a tu hijo que lloraba tanto?"

"¿Recuerdas que siempre se te quedaba la llave de la casa y yo tenía que ir a ayudarte para que pudieras entrar?"

Debido a que sabemos cómo funciona la reciprocidad (Capítulo 4) y que pedir ayuda nos hace sentir débiles y desagradables, a veces, tenemos la tentación de recordarle a la gente a la que le pedimos ayuda que en el pasado también le hemos ayudado. Pues esta forma de pedir ayuda también está cargada de incomodidad.

Por ejemplo, cuando mi editora recibió esa monografía en su buzón de entrada, quería decir que no. *En serio*, ella quería decir que no. No había estado en contacto con su viejo amigo desde hacía mucho tiempo y tenía muchos otros planes para el fin de semana. Pero por todas las razones que decir que no es doloroso, sintió que no podía decirle que no. Al menos, no del todo. Entonces, le respondió y le explicó de la manera más amable posible que lo que él le estaba pidiendo requería de 40 horas de trabajo. También le preguntó si había un capítulo en particular que le preocupara. Cuando su amigo le contestó, le recordó que él también le había editado textos a ella en el pasado, cuando ella trabajaba como columnista deportiva. En teoría, el asunto tendría sentido: él le había hecho *un favor* a ella y además eran viejos amigos. Entonces, lo más lógico era que ahora ella le hiciera el favor, ¿verdad?

No tanto. Aunque la reciprocidad hace que sea más probable que la gente diga que sí a nuestras solicitudes de ayuda, también puede hacer que ellos se sientan controlados, lo cual le quita lo divertido al hecho de ayudar. La reciprocidad funciona mejor cuando los actos de ayuda *son iguales* en cuanto a su nivel de complejidad. Y en este caso, no es igual editar una columna deportiva de 500 palabras que editar un tratado histórico de 50.000 palabras. También deberían ser cosas *cercanas en el tiempo*. A menos que alguien le haya hecho a usted un favor enorme como por ejemplo salvarle la vida, esa persona no tiene por qué sentir que usted se debe a ella durante los siguientes 10 años. Además, debería recurrir a uno de los tipos específicos de reciprocidad identificados por los sicólogos: personal, relacional o colectiva.

Por ejemplo, mi editora le ayuda con gusto a su vecino a revisar sus textos. Él es un carpintero que también escribe textos estilo "hágalo usted mismo" para revistas de manualidades y ella le ayuda porque él le ha ayudado con varios proyectos en su casa en numerosas ocasiones. Ese es un ejemplo de reciprocidad personal en el que el intercambio es bastante claro. También le agrada editar los ensayos de su esposo sobre pesca con mosca (reciprocidad relacional) y revisó el ensayo escrito por el novio de su prima para que él pudiera presentarse a un posgrado, a pesar de que no lo conoce muy bien (reciprocidad colectiva).

La conclusión sobre la reciprocidad es: si usted tiene que recordarle a alguien que le debe un favor, es posible que esa persona no sienta que es así. *Recordarles a los demás* que ellos le deben un favor a usted hace que esas personas sientan que usted está tratando de controlarlas (lo cual, siendo honestos, en cierta forma, usted está haciendo) y produce lo que Adam Grant llama un comportamiento "igualitario", que no es particularmente generoso, ni genera buenos sentimientos. Es como salir a comer pizza con un amigo y que luego este le diga que usted debe pagar más por haberse comido dos tajadas extra. Esa conducta hace hace que usted sienta que la otra persona lleva una planilla de anotaciones y ese tipo de sensación es, en esencia, muy perjudicial para las relaciones.

Hablar de qué tan beneficiosa será la ayuda de la otra persona para usted

Usted no creció en un establo (probablemente). Así que sabe que debe expresar gratitud y aprecio por la ayuda que le brindan los demás. Aun así, las personas cometen un error crítico cuando expresan gratitud: se enfocan en cómo se sienten *ellas*, en lo felices que están y en cómo se han beneficiado gracias a esa ayuda en vez de enfocarse en el *benefactor*.

Las investigadoras Sara Algoe, Laura Kurtz y Nicole Hilaire, de la Universidad de Carolina del Norte, hicieron una distinción entre dos tipos de expresiones de gratitud: las que *gratifican al otro,* que implican reconocer y validar el carácter o las habilidades de quien brinda la ayuda (es decir, su identidad positiva) y aquellas que son para *beneficio propio,* que describen cómo el receptor está en una posición mucho mejor por haber recibido la ayuda. En uno de sus estudios, ellas observaron a parejas que expresaban su gratitud hacia el otro por algo que su pareja había hecho hacía poco para beneficiarlos[2]. Después, las expresiones fueron codificadas por la medida en que gratificaban al otro o se centraban en el beneficio propio. Algunos ejemplos de estas expresiones fueron:

Gratificando al otro

Esto demuestra lo responsable que eres...

Haces todo lo que puedes por...

Pienso que eres muy bueno en eso.

Para beneficio propio

Me permite relajarme.

Hace que yo pueda destacarme en el trabajo.

Me hace feliz.

Finalmente, los benefactores calificaron el grado de respuesta por parte de quien les prestó la ayuda, lo felices que se sintieron y el grado de afecto que manifestaron hacia su pareja. Las investigadoras hallaron que la gratitud por medio de la cual se elogia al otro está fuertemente relacionada con las percepciones de nivel de respuesta, emoción positiva y amor, pero que la gratitud que se enfoca en el beneficio propio *no lo está.*

Esto merece que lo analicemos con más profundidad, ya que la mayoría de personas entiende la gratitud de forma 100% errónea. Con frecuencia, los seres humanos somos un poco egocéntricos por naturaleza. Tendemos a hablar de nosotros mismos incluso cuando deberíamos estar pensando y hablando sobre los demás. Es natural entonces que, cuando recibimos ayuda y apoyo de calidad, queramos hablar de cómo eso nos hizo sentir a *nosotros.* Y para ser justos, también asumimos que eso es lo que la persona que nos ayudó quiere oír —que como estaba ayudándonos *a ser felices,* entonces, ella debe querer escuchar lo felices que estamos con su ayuda.

Pero asumir esto no es correcto. Sí, sin duda su ayudante quiere que usted sea feliz, pero la motivación para ayudar está estrechamente relacionada con la identidad y la autoestima del ayudante. Cuando alguien ayuda es porque quiere ser una buena persona, vivir según sus metas y valores y ser admirada. Por lo tanto, ella quiere tener una visión positiva de sí misma, lo cual es difícil para ella si usted no deja de hablar de sí mismo.

Cualquier solicitud rara puede hacerse de una forma que no sea rara

Existen tres formas de pedirle ayuda a la gente sin hacerla sentir controlada y que le permita experimentar los beneficios naturales de brindar ayuda. Estos tres refuerzos crean el deseo de querer ayudarnos mutuamente. Usted puede usarlos en solicitudes de ayuda específicas y aprender a enfatizarlos para crear una cultura en donde ayudar sea algo común. Los siguientes capítulos analizarán a fondo cada uno de ellos.

El primer refuerzo es lo que los sicólogos llamamos un fuerte *sentimiento grupal*. En otras palabras, estar convencidos de que la persona que necesita ayuda es parte de su equipo, que es alguien importante para usted. Esto va más allá de la simple reciprocidad colectiva. Ayudamos a las personas de nuestro grupo porque nos *interesa* lo que le pasa al grupo. Porque nuestra propia felicidad y bienestar se ven afectados por la felicidad y el bienestar del grupo. De forma rutinaria y voluntaria, las personas arriesgan su vida por familiares, compañeros soldados, policías o bomberos, debido a la fuerza de su lazo grupal. Ayudar a crear o a resaltar el estado de una persona que necesita ayuda dentro del grupo siempre conlleva un deseo genuino de ayudar.

El segundo refuerzo es la oportunidad de tener una *identidad positiva*. En otras palabras, esto es cuando ayudar *me hace sentir bien conmigo mismo*. Sobre todo, cuando me permite sentir que tengo un atributo positivo o cuando tengo un rol que es admirado por otros. Por ejemplo, las personas ayudan más cuando reflejan por qué es importante para ellas "ser *benefactoras* de los demás". Cuando se destaca una característica positiva, como ser benefactor, es más probable que las personas actúen en consecuencia con dicha cualidad. Por ejemplo, aumentó el número de llamadas por hora entre voluntarios que recaudaban fondos en casi el 30%. En otro caso, los llamantes voluntarios que demostraron ser benefactores aumentaron del 21% al 46% sus tasas de donaciones en casos de terremoto en la Cruz Roja de Estados Unidos.

El último refuerzo, y el más poderoso de los tres, es la oportunidad de ver en acción la *eficacia* de uno mismo. En otras palabras, las personas quieren ver o saber el impacto de la ayuda que han dado o darán. Quieren ver cómo se materializa. Y esto no es un asunto del ego. Es lo que algunos sicólogos han afirmado que es *la* motivación humana básica: sentirse eficaz. Saber que nuestras acciones conducen a los resultados esperados para, en esencia, darle forma al mundo a nuestro alrededor. A falta de retroalimentación, como cuando no tenemos idea de cuáles han sido las consecuencias de nuestras acciones, la motivación cae en picada. Y eso es particularmente cierto cuando se trata de brindar ayuda.

Estos tres refuerzos determinan si el deseo de ayudar aumentará intrínsecamente en su ayudante. Sin ellos, el ayudante también podría prestar su colaboración, pero los beneficios de esa ayuda serán solo para usted. Además, la ayuda que usted reciba será más limitada y con el paso del tiempo la relación que usted tiene con el ayudante puede verse afectada.

A menudo, el potencial de estos refuerzos ya está presente, tanto en el estado de la persona dentro del grupo como en el potencial de la identidad positiva y en la forma en que otros ven que su ayuda se manifiesta. Pero muchas veces, lo arruinamos diciendo algo cuando pedimos ayuda o cuando no consideramos el seguimiento a esta. En la tercera parte del libro le mostraré cómo brindarles estos refuerzos esenciales a sus ayudantes cuando usted les pida ayuda.

Para recordar

- Pedir ayuda es complicado porque no se trata solo de lo que usted diga o haga. También se trata de lo que usted *no* diga o *no* haga. Existen muchas formas de hacer que la situación se torne rara cuando pedimos ayuda.

- Pedir demasiadas disculpas, usar ciertas frases, minimizar la naturaleza de la solicitud y recordarles a las personas que le deben un favor son formas comunes en que aquellos que necesitan ayuda alejan sin darse cuenta a las personas a las que acuden. Incluso hablar demasiado de lo mucho que usted apreciaría la ayuda de alguien puede producir un efecto indeseado, ya que usted estaría atrayendo toda la atención hacia usted.

- Cuando pida ayuda, enfóquese en las cosas que refuerzan la actuación útil del posible ayudador: el sentido de ser parte de un propósito compartido, un sentido positivo de identidad y la posibilidad de ver la eficacia de su ayuda en acción.

Capítulo 7

El refuerzo grupal

El cerebro humano es social por naturaleza. Evolucionó para moverse eficazmente por un mundo lleno de depredadores y presas, pero sobre todo, de *otros humanos*. En consecuencia, le prestamos más atención a la información acerca de otras personas que a cualquier otra cosa y procesamos esa información mediante un grupo específico de redes en el cerebro.

Es tanto así, que existe una región del lóbulo temporal del cerebro dedicada única y exclusivamente a reconocer las caras de las personas, pero no hay ninguna región en nuestro sistema que se especialice en reconocer, por ejemplo, tipos de perros, ni de frutas, ni de automóviles. (A propósito, cuando se daña esa parte del lóbulo temporal, sufrimos de prosopagnosia o "ceguera facial", un frustrante desorden que no nos permite reconocer a alguien solo por su rostro. Las personas que sufren de prosopagnosia se ven obligadas a recurrir a otras pistas —como la voz, la forma de caminar o incluso el color del cabello— para identificar a los demás. Pero me estoy desviando del tema).

¿Por qué el cerebro gasta tanto tiempo y energía en otras personas? Los seres humanos estamos muy bien sincronizados con las señales que indican que pertenecemos a un grupo, como vimos en el Capítulo 1, porque ser parte de un grupo de otros humanos es y siempre ha sido esencial para nuestra supervivencia. Pero más que eso, como lo han demostrado más de 50 años de sicología social, la pertenencia a un grupo es un componente esencial de nuestra identidad que contribuye en gran parte a determinar quiénes y cómo somos.

Entender la pertenencia a un grupo y cómo y por qué vemos a otras personas como miembros de nuestro grupo (o no) es esencial, puesto que es uno de los mejores predictores de quién estaría dispuesto o no a ayudarnos. En pocas palabras, los seres humanos estamos programados para ayudarle a nuestra propia tribu. Está en nuestro ADN, pues les ayudó a aquellas manadas de simios flacuchentos, sin pelo y sin colmillos a mantenerse vivas a lo largo de los millones de años que existieron sin armas, ni hospitales, ni el 911.

La preferencia por ayudarles a otros que son parte de nuestro propio grupo emerge durante los primeros años de la niñez. Los estudios demuestran que los niños en edad preescolar comparten más con sus amigos (a tal punto, que lo comparten todo) y que los niños de tan solo cinco años sienten que es más favorable (y más satisfactorio desde el punto de vista emocional) ayudarles a los miembros de su familia que a extraños. Sin embargo, es muy probable que también les ayuden a otros de su misma escuela, de su misma comunidad o de su misma raza[1]. Por supuesto, estas tendencias continúan en la adultez, pues la gente casi siempre prefiere ayudarles a los miembros de su propia comunidad, incluida su misma universidad[2].

Esta preferencia por nuestro propio grupo conlleva a toda clase de injusticias y parcialidades hacia otros grupos en medio de sistemas que son supuestamente meritocráticos. Sin embargo, una vez entendemos cómo funciona la sicología de los grupos, es más fácil contrarrestar esos aspectos injustos y aprender a enfatizar de maneras estratégicas a darles más importancia a ciertos grupos que a otros para lograr que aquellos grupos con los que compartimos con otra gente sean lo que los sicólogos llamamos "sobresalientes" (es decir, más relevantes y notorios) y que así haya más probabilidad de recibir su ayuda. Como líder, usted puede usar ciertas técnicas sencillas para hacer que su equipo funcione como un verdadero grupo, tanto así, que sus empleados sientan el deseo natural de ayudarse unos a otros. (Y no, nada de esto tiene por qué afectar la confianza mutua).

Usted parece _____

En Estados Unidos, la primera pregunta que un extraño suele hacer en una fiesta es "¿Y usted a qué se dedica?". Pero mucho antes de escuchar esas palabras, el cerebro del extraño ya se ha hecho —y respondido— una pregunta acerca de usted: "*¿A qué grupos perteneces?*". Parte de nuestro procesamiento inicial de la información sobre otra persona implica clasificarla de forma inmediata y automática en categorías sociales (por ejemplo, hombre, latino, abogado, etc.). Esto ocurre, en gran parte, a nivel inconsciente.

Las categorías sociales o los grupos a los cuales pertenecemos son aquellas a las que escogemos vincularnos o de las cuales formamos parte al nacer. Se forman por medio de características, comportamientos o creencias comunes. Y los grupos en los que el cerebro nos categoriza suelen tener un significado social como la raza, el género, la nacionalidad, la edad, el partido social, la ocupación, etc.

Los adultos mayores son un grupo al igual que lo son los vendedores, los budistas, las mujeres, las lesbianas, los activistas del Tea Party, los nudistas o las madres que llevan a sus hijos a fútbol. Saber que una persona pertenece a uno de estos grupos nos dice algo acerca de ella, la cualidad o las cualidades que tiene en común con ese grupo aunque lo más probable es que nos diga mucho menos de lo que asumimos, por lo menos, a nivel inconsciente. Hablaremos más sobre eso en un minuto.

Sin embargo, el hecho de haber tenido algo en común con otra persona en el pasado no necesariamente hace que usted y ella sean un grupo. Si solo se trata de que caminaban por los centros comerciales, ese hecho en común no significa mucho, pues tendemos a categorizar a las personas en grupos de acuerdo a atributos más significativos, unos que digan más acerca de quiénes son ellas y qué es probable que piensen, sientan o hagan.

En últimas, la razón por la que hacemos todo esto es muy práctica. Categorizar las cosas —y no solo a las personas, sino también otros asuntos— es esencial para que los seres humanos nos movamos por el mundo sintiéndonos satisfechos. Imagínese si cada vez que usted se encontrara con un nuevo objeto o persona no tuviera ni la menor idea de cómo es o cómo interactuar con eso, ni con ella. Si al entrar a un cuarto hubiera un montón de objetos de cuatro patas conectados por una pieza cuadrangular y otro pedazo también cuadrangular conectado al otro en un ángulo de 90 grados y usted no supiera asignarle a ese objeto la categoría "silla", usted nunca sabría si esta es para sentarse, saltar o comer.

Pero cuando usted está capacitado para identificar que este objeto es una "silla", sabe de inmediato para qué es y qué esperar de él. Lo mismo es cierto con otras categorías como semáforo, pan u oso polar. Nos dan cierta información que nos permite saber acerca de esas cosas que nunca antes hemos visto y guía nuestro comportamiento hacia ellas. Quizá, sea la primera vez que veamos ese oso polar en *particular,* pero si ya tenemos conocimiento sobre la categoría a la que él pertenece, sabremos que no debemos tratar de acercárnosle.

La pertenencia a un grupo es una categoría en la que clasificamos a las personas. Así como en el caso del oso polar, saber que usted es un oficial de la Policía, una abuela o un prófugo me dice algo acerca de qué (es probable) esperar de usted y cómo debería interactuar con usted. A lo mejor, yo termine estando equivocada, pero, por lo menos, no estoy adivinando por completo. Por eso, categorizar en grupos es una función en la que el cerebro humano ha evolucionado de forma automática y sin esfuerzo, a menudo, sin ser consciente de ello.

Extraemos información acerca de los grupos a los que otros pertenecen no solo basados en información física como el color de la piel o el uniforme que llevan puesto, sino a través de otros aspectos que suelen indicarnos la pertenencia a un grupo, como los nombres. Esto es problemático, por ejemplo, cuando se trata de contratar personal, ya que los reclutadores tienden a verse sutilmente influenciados por el nombre que ven en la hoja de vida en vez de enfocarse 100% en las habilidades y la experiencia de cada candidato. Un estudio demostró que era 50% más probable que los empleadores citaran a una entrevista a "Kristen Jones" después de leer su hoja de vida que a "LaToya Jones", aun cuando sus hojas de vida fueran *idénticas*, debido a los grupos raciales a los que los empleadores asumían que pertenecía cada candidata[3].

Este hecho nos lleva al obvio inconveniente que implica categorizar a las personas en grupos. A menudo, y casi siempre de forma inconsciente, los seres humanos nos basamos en estereotipos (tanto positivos como negativos) de los grupos para emitir juicios sobre sus miembros individuales. Lo que estaría bien si 1) los estereotipos siempre fueran confiables y 2) todos los miembros del grupo fueran 100% iguales. Y como es demasiado obvio que ninguna de estas afirmaciones es cierta, llegamos a conclusiones erróneas con respecto a los demás, en especial, sobre aquellos que acabamos de conocer. Y esto pasa con cierta regularidad.

Además, si la persona que usted acaba de conocer ve que usted pertenece a un grupo diferente y al cual ella no conoce, entonces usted podría estar en problemas, pues juzgamos a los miembros de otros grupos más negativamente y nos basamos en estereotipos y generalizaciones para analizarlos mucho más que a los miembros de nuestro propio grupo, aquel al cual pertenecemos.

¿Es usted parte de mi grupo o no?

Ser parte del grupo al que pertenece otra persona puede ser muy bueno. Como lo mencioné antes, desde el punto de vista histórico, este hecho ha sido esencial para nuestra supervivencia. Que una criatura flaca y casi sin pelo esté sola en medio de la jungla no es una gran idea, pues no sabría cómo defenderse. Hasta los participantes del programa de televisión *Naked and Afraid* tienen un compañero, ¿cierto?

Pero los beneficios de pertenecer a un grupo van más allá de evitar ser devorado por los lobos. Nos proporcionan ese sentido de pertenencia, de estar conectados. Los compañeros de grupo nos ayudan a sentirnos entendidos y apreciados, ya que, a veces, compartimos entre nosotros los mismos retos y frustraciones. Ellos nos brindan una sensación de seguridad, tanto física como sicológica. Y, por supuesto, el hecho de trabajar juntos nos permite alcanzar cosas que no sería posible alcanzar solos.

Los grupos también nos dan razones para celebrar. Disfrutamos del reflejo de los logros de nuestros compañeros de grupo aun cuando no sean nuestros propios logros. (Como cuando escuchamos a aficionados del fútbol hacer comentarios como

"Anoche *jugamos* de maravilla". Esa es la clase de "reflejo" a la que me refiero).

Por supuesto, los grupos también conllevan un potencial de tensión *entre* los miembros, así como prejuicios y discriminación hacia aquellos que pertenecen a otros grupos. Estos son algunos ejemplos de lo que los investigadores han descubierto a lo largo de más de 50 años de estudiar cómo son percibidos los miembros de otros grupos.

Gente como ustedes. Hay más probabilidad de que las personas vean a los del mismo grupo como individuos únicos, mientras que ven a aquellos que no son del grupo con una visión más amplia que se basa más en generalizaciones y estereotipos que sugieren que los otros son todos iguales.

Efecto peras y manzanas. Aunque es cierto que, en promedio, existen diferencias reales entre los grupos, estas tienden a ser exageradas de forma significativa. Por ejemplo, los estereotipos sobre hombres y mujeres en la mayoría de culturas estiman demasiado las diferencias reales entre estos dos grupos en dimensiones como la asertividad o la locuacidad[4]. Ideas como "los hombres son de Marte y las mujeres son de Venus", en general, no tienen sentido. Todos somos de la Tierra y nuestras similitudes son mucho mayores que nuestras diferencias.

Todos los pelirrojos son malgeniados. Cuando un miembro de nuestro propio grupo realiza una actividad inusual como participar en una pelea entre borrachos o robar una estación de gasolina o amarrarse a un árbol para protestar contra la deforestación, lo más probable es que uno no dirá: "Sí, creo que todos somos así". Sin embargo, cuando alguien que no es de nuestro grupo lo hace, bueno, la historia es diferente. En ese caso, tendemos a hacer algo que los sicólogos llaman *correlación ilusoria*, que es ver una relación constante entre dos eventos (por ejemplo, el grupo al cual pertenece alguien y sus constantes peleas entre borrachos) cuando en realidad son dos asuntos sin relación alguna.

Bueno, esto es raro. Las interacciones con miembros que no son de nuestro grupo son más inquietantes y provocan más ansiedad y otras emociones negativas que cuando interactuamos con miembros de nuestro grupo. Hasta el simple hecho de pensar en cómo será dicha interacción tiende a generar estas respuestas emocionales. De forma implícita, nos sentimos menos cómodos con miembros de otros grupos que con nuestra tribu de personas similares a nosotros. De forma explícita, nos preocupa que la interacción sea extraña o desagradable, lo cual, irónicamente, suele implicar una profecía que por su propia naturaleza tiende a cumplirse. Si yo espero que usted, como miembro de otro grupo, se comporte con hostilidad hacia mí, es probable que yo, inconscientemente, me prepare para esa hostilidad y, al hacerlo, me comporte de maneras que generen ese comportamiento o, por lo menos, una gran incomodidad para ambos.

En teoría, todos los efectos que acabo de mencionar son mitigados cuando las personas intentan tener interacciones en las que se evite el sesgo de manera consciente y perciban a los demás de forma justa y precisa. Pero hacerlo requiere un esfuerzo cognitivo significativo, lo que significa que todos estos efectos son exacerbados cuando, quien los percibe, se siente presionado por el tiempo, tiene una carga cognitiva grande por pensar en demasiadas cosas al tiempo o experimenta fuertes emociones como el miedo o la frustración, las cuales interfieren con los procesos mentales. Piense en la última vez que usted no estaba pasando por *ninguna* de estas tres cosas. ("Cuando estaba dormido" no cuenta). Creo que ya usted identificó el problema.

Es interesante que, mientras otros primates demuestran un comportamiento prosocial basado en el grupo, los seres humanos seamos los únicos que extendemos estos efectos a miembros externos al grupo, en otras palabras, a extraños[5]. Por supuesto, los grupos con significado social —creados a partir de objetivos o experiencias comunes o de similitudes representativas— son la base para un sentido grupal más fuerte. Pero los seres humanos, a diferencia de los chimpancés o los gorilas, al parecer, estamos dispuestos a aceptar una visión mucho más amplia de qué justifica que usted sea "uno de nosotros". Es tan amplia que, siendo sinceros, en ocasiones, llega al punto de ser una tontería.

Algunos de los estudios de sicología más famosos y citados fueron realizados durante las décadas de 1960 y 1970, por Henri Tajfel, inventor del *paradigma del grupo mínimo*. La idea de un "grupo mínimo" es exactamente como suena: ¿qué es lo mínimo que usted necesita hacer para generar en las personas la idea de que son parte de un grupo específico? La respuesta es que no mucho. Tajfel y sus colegas crearon grupos al hacer cosas como:

- Pedirles a varias personas que adivinaran el número de puntos en una pantalla. Luego, les dijeron a varias al azar que algunas eran "sobreestimadoras" y que otras eran "subestimadoras".

- Mostrarles pinturas abstractas y pedirles que las evaluaran. Luego, les dijeron a varias personas al azar que, con base en sus respuestas, eran seguidoras del artista Paul Klee. A las otras les dijeron que preferían a Wassily Kandinsky. (La mayoría de participantes nunca había escuchado sobre ninguno de estos artistas).

Los grupos que Tajfel y sus colegas conformaron no tenían metas, ni experiencias compartidas. Todo lo que tenían en común eran características o preferencias personales sin significado alguno. Pero a pesar de eso, dichos estudios demostraron que, si posteriormente se les daba la oportunidad, los participantes les daban más recompensas como dinero o dulces a personas en sus propios grupos. El deseo de ayudar a los miembros de nuestros propios grupos es fuerte y suele revelarse en los lugares menos esperados[6].

Pero *¿por qué* nos esforzamos tanto en ayudar a los nuestros? Como mencioné antes, existen claras razones evolutivas que explican por qué la posibilidad de supervivencia humana aumenta tanto cuando queremos ayudar a miembros de nuestra propia tribu, ya que ese es parte de nuestro código de comportamiento grupal. Los grupos tienen más éxito cuando sus miembros se enfocan menos en cosas buenas para ellos a nivel personal y más en los momentos de necesidad grupal[7]. Pero ¿eso es todo lo que sucede?

No del todo. Porque, como lo mencioné antes, la afiliación a un grupo constituye una parte significativa de nuestra identidad, de quienes creemos que somos. Y la identidad es algo demasiado importante. (Hablaremos más sobre esto en el siguiente capítulo). Las investigaciones sugieren que ayudarles a otros miembros del grupo es bastante satisfactorio, porque estamos motivados a apoyar al grupo para proteger y mejorar nuestra propia identidad (por ejemplo, cuando las mujeres ayudan a otras para promover su avance como grupo en la sociedad).

Por ejemplo, los sicólogos Leor Hackel, Jamil Zaki y Jay Van Bavel usaron IRMf (imágenes por resonancia magnética funcional) para estudiar respuestas cerebrales cuando los participantes veían ganar dinero tanto a los miembros de su grupo como a los que no pertenecían a él. Antes que el experimento comenzara, los investigadores les pidieron a los participantes que indicaran qué tan "comprometidos" estaban con su grupo, en este caso, de compañeros de la Universidad de Nueva York. Para ser más exactos, les preguntaron a los participantes si ser estudiantes de esta universidad era parte importante de su identidad y en qué medida ellos se sentían "similares" a otros estudiantes del mismo centro educativo. (Los estudiantes del otro grupo eran de la Universidad de Columbia, también ubicada en Nueva York).

Los investigadores observaron que la firmeza de la identificación de los estudiantes con la Universidad de Nueva York al ver a miembros del grupo ganando dinero predijo directamente la intensidad de las respuestas del cerebro en el cuerpo estriado ventral y en la corteza prefrontal medial —dos áreas asociadas con el procesamiento de experiencias de recompensa—. Aunque ellos mismos no estaban ganando nada, el cerebro registró el hecho como si fuera una victoria propia. Sin embargo, no observaron tal efecto cuando se trataba de miembros del otro grupo. Ver a los estudiantes de la Universidad de Columbia ganar dinero no era representativo para ellos[8].

Observamos estos mismos efectos en la vida real cuando analizamos el comportamiento prosocial en el lugar de trabajo. Los estudios muestran que los empleados ayudan más en el trabajo cuando tienen un sentido de pertenencia más fuerte y cuando hay mayor conexión con sus compañeros de trabajo[9].

De afuera hacia adentro

No es de extrañar que, en ocasiones, el mundo nos parezca deprimente. La tendencia a juzgar a quienes no son de nuestro grupo suele generar una amplia variedad de imprecisiones en la forma en que los percibimos, crea animosidades innecesarias y nos aleja cada vez más de ellos.

Pero la afiliación a un grupo no solo es fuente de discriminación hacia los miembros de otros grupos. En las circunstancias correctas, este es un medio para romper las distancias que nos dividen.

En un experimento que se repite con frecuencia, se les pide a los individuos que identifiquen palabras bien sea como positivas (por ejemplo, cachorro, flor, sol) o como negativas (por ejemplo, vómito, basura, sufrimiento) tan pronto aparezcan en la pantalla de un computador. Antes que cada palabra aparezca, una cara parpadea en la pantalla durante una fracción de segundo. Los participantes blancos identifican más rápido las palabras como positivas cuando estas están asociadas con caras del mismo grupo (blancas) y con más lentitud cuando estas están asociadas con caras del grupo externo (negro). Qué deprimente, ¿no?

Aun así, los sicólogos Jay Van Bavel y Will Cunningham, de la Universidad Estatal de Ohio, hicieron este mismo experimento, pero esta vez, con una importante diferencia. Antes de hacer la tarea de categorizar las palabras, los investigadores les mostraron a los participantes un grupo de fotografías sobre una mesa, las cuales estaban divididas en dos grupos. Cada grupo tenía caras blancas y negras *a la vez*. Se trataba de las mismas caras que luego verían en la pantalla del computador. Además, los investigadores les dijeron a los participantes que uno de los grupos estaba compuesto por los miembros de *su propio* equipo —de personas con las cuales trabajarían en la siguiente tarea— y que el otro grupo de caras pertenecía al equipo *opuesto*. Después de mirar rápidamente las fotos, los participantes identificaron las palabras como positivas o negativas cuando las emparejaron con las caras.

Los resultados fueron sorprendentes. En esencia, el efecto de la raza desapareció. Los participantes identificaron más rápido las palabras como positivas cuando las emparejaron con miembros de su propio equipo —*sin tener en cuenta la raza*— y lo hicieron con más lentitud cuando se trató de miembros del equipo opuesto[10].

En otras palabras, la raza es una de las muchas formas que tiene nuestro cerebro para categorizar a la gente. Pero también enfatizamos en otras categorías como pertenecer al mismo equipo o trabajar juntos en pro de una misma meta lo cual hace que el cerebro pase a usar *esa* información como la base para concluir quién es parte de nuestro equipo y quién no.

De pronto, usted no necesite a sus colegas para que le ayuden a categorizar un montón de fotografías sin ningún significado, pero es un hecho que sí los necesita para que le ayuden a hacer alguna otra cosa. ¿Cómo puede usar usted las investigaciones de la sicología grupal para motivar a los demás a ayudarle?

Use la palabra "juntos"

Sé que esto suena demasiado cursi, pero nuevas investigaciones hechas por Priyanka Carr y Greg Walton, de la Universidad de Stanford, demuestran que el simple uso de la palabra "juntos" tiene un poderoso efecto motivador. En los estudios hechos por Carr y Walton, los participantes fueron reunidos en pequeños grupos y luego fueron separados para que solucionaran difíciles acertijos de forma independiente. A quienes pertenecían a la categoría *sicológicamente juntos* se les dijo que estarían trabajando en su tarea juntos a pesar de estar en salas separadas y que recibirían una pista de un compañero de grupo que les ayudaría a solucionar el acertijo más adelante. En la categoría *sicológicamente solos* no se mencionaba que estarían juntos y la pista que recibirían sería escrita o dada por los investigadores. Pero en realidad, todos los participantes estaban trabajando de forma independiente en los acertijos. La única diferencia real era el sentimiento que podría crear el hecho de decirles que estaban trabajando juntos[11].

El caso fue que los efectos de esta pequeña manipulación fueron enormes. Los participantes que eran parte de la categoría *sicológicamente juntos* trabajaron el 48% más de tiempo, solucionaron más problemas juntos y recordaron mejor lo que habían visto. También dijeron que se sentían menos cansados por la actividad. Además, reportaron que el acertijo les pareció más interesante cuando trabajaron *juntos* y persistieron por más tiempo debido a esta motivación *intrínseca* (en lugar de una obligación hacia el grupo, que sería una motivación extrínseca).

La palabra "juntos" es una poderosa herramienta social para el cerebro. Al parecer, funciona como una recompensa de interrelación que indica que somos parte de un grupo, que estamos conectados y que otras personas en las que confiamos están trabajando para lograr el mismo objetivo.

Destaque los objetivos compartidos

Como resultado, es evidente que crear metas compartidas es una de las formas más poderosas de generar un sentido de grupo entre las personas, sin importar a cuántos otros grupos estas pertenezcan. Eso sucede porque el cerebro es particularmente sensible al hecho de que otros individuos compartan una meta con nosotros o no y de cuándo nuestro éxito depende del de ellos. Así las cosas, al hacer una solicitud de ayuda, usted puede intentar hablar explícitamente de una meta que ambas partes compartan. Por ejemplo:

> "Sanjay, sé que tu equipo también está analizando formas de aumentar nuestros clientes. Justo ahora, tengo otro proyecto con el mismo objetivo y tu experiencia me sería muy útil. ¿Estarías dispuesto a echarme una mano?".

> "María, pienso que tanto a ti como a mí nos preocupa mucho la forma en que el programa _____ está

funcionando. Y sé que tú estás comprometida con el éxito al igual que yo. Me serviría mucho tu ayuda con algo que pienso que mejorará el programa en gran medida. ¿Podrías ayudarme?".

Usted puede usar el mismo principio para generar sentido de servicio entre su equipo u organización. Esa es una de las razones por las cuales las personas disfrutan del hecho de tener metas claras y ambiciosas. Cuando todos saben que la meta es aumentar las ventas en un 20% o lanzar un nuevo producto antes del 1º de septiembre o inventar una nueva herramienta que logre llegar donde ninguna otra ha llegado antes, todos luchan por lo mismo y se ayudan mutuamente.

Encuentre un enemigo en común (del grupo externo)

Nada une tanto a las personas como sentir un desagrado mutuo hacia un tercero. Y así como destacar las metas compartidas es una forma de resaltar su estatus dentro del grupo, recordarle a alguien el enemigo o competidor en común contra el cual están luchando también logra el mismo efecto. Esta es (o por lo menos, parece ser) la estrategia favorita entre los jefes de las campañas políticas. Si la memoria no me falla, vi pocos avisos durante la campaña a las elecciones presidenciales de EE.UU. en 2016 que se enfocaran en los méritos de alguno de los candidatos. En vez de eso, se enfocaron en por qué, en caso de resultar elegido, el candidato del partido opositor haría que EE.UU. estuviera perdido sin remedio. Crear un sentido fuerte de pertenencia al grupo al resaltar una amenaza o némesis común es quizá, por desgracia, una forma demasiado efectiva de movilizar a las personas. Usted también puede usar esta estrategia en sus solicitudes de ayuda diarias. Por ejemplo:

"Zana, estoy trabajando en algo que pienso que será un gran golpe para nuestra competencia principal, la empresa X. ¿Podrías darle un vistazo y ayudarme con un poco de tu experiencia?".

"James, sé que ninguno de nosotros quiere que a Stephen lo asciendan como jefe de ventas. Esta vez, voy a lanzarme al agua. ¿Puedo contar con tu apoyo?".

Una vez más, como gerente, también usted puede usar esta técnica. Pero es complicada, pues podría generar faccionalismo en su organización. Es mejor que el enemigo sea una compañía rival que un área de trabajo rival.

Hable de experiencias y sentimientos compartidos, no de características objetivas compartidas

Resaltar las cosas que usted tiene en común con ciertos grupos es otra forma poderosa de generar un gran sentido de pertenencia al grupo en la persona de quien se busca ayuda. Pero lo que usted tiene en común con ellos (y cómo usted habla al respecto) cuenta mucho. Los sicólogos han venido estudiando dos tipos de características compartidas. El primero, ocurre cuando usted se enfoca en las *experiencias* que usted y ellos tienen en común — en sus *sentimientos* y percepciones subjetivas sobre una situación, experiencia o tema en particular—. Por ejemplo, "¿Alguna vez has mirado la línea del horizonte y te has maravillado con su belleza? Siempre me siento igual de maravillado". O "Ambos sabemos qué se siente cuando nuestras voces no son escuchadas en este equipo".

El otro tipo es enfocarse en las características objetivas que usted y los grupos a los cuales pertenece tienen en común, como tener la misma alma mater, el mismo pasatiempo o el mismo color de cabello. "Estudié en Harvard. Tú también, ¿no?". O también: "¡Acabo de descubrir que a ambos nos gusta el canotaje!".

En ocasiones, ambos tipos de características van de la mano. Por ejemplo, si solo hay dos mujeres en un equipo de alta dirección, esa es una característica objetiva compartida. A lo mejor, ellas no tengan nada más en común. Pero, de nuevo, de pronto, sí. La una puede crear un lazo con la otra si comenta algo como: "Somos las únicas dos mujeres del equipo. ¿Te has dado cuenta que siempre nos interrumpen?". En este caso, se trata de una característica compartida, seguida de una experiencia compartida.

Pero en general, el poder de crear un fuerte sentido de pertenencia al grupo se basa en hallar percepciones, ideas y sentimientos en común, no características compartidas. Los estudios han demostrado que hablar acerca de experiencias compartidas aumenta nuestra simpatía hacia los extraños. Hace que la gente se sienta más conectada y, al ser compartidas, sirven para validar la visión del mundo de los miembros del grupo.

Por esa razón, las mejores experiencias de construcción de grupo no ocurren en medio de juegos cursis como "dos verdades y una mentira" cuyo supuesto propósito es darse a conocer unos a otros. Más bien, ocurren cuando la interacción está enfocada en construir experiencias y sentimientos compartidos. Por ejemplo, al compartir la emoción y el vértigo de montar una montaña rusa juntos o al experimentar el sentimiento de temor mutuo al tener que cantar en un karaoke frente a una multitud (aunque reconozco que me fascina el karaoke, pero sé que quizá soy parte de la minoría).

Por consiguiente, cuando se trate de usar el refuerzo grupal para crear un sentido de servicio, empiece por hablar de sentimientos y experiencias compartidas. La idea es generar el sentido de que las personas que hacen parte del grupo son compañeras de viaje.

Para recordar

- Entender en qué consiste la pertenencia a un grupo y cuándo y por qué vemos a otras personas como miembros de nuestro grupo (o no) es esencial, porque es uno de los mejores predictores de quién sería posible que nos ayude o no.

- La idea de estar en el mismo grupo que otras personas refuerza nuestro deseo de ayudarlas. Esta preferencia por nuestro propio grupo conlleva a todo tipo de injusticias e inclinaciones en sistemas, supuestamente, meritocráticos. Pero cuando entendemos cómo funciona la sicología social, sabemos cómo contrarrestar estos injustos aspectos.

- Podemos elegir enfatizar las categorías que queramos —como estar en el mismo equipo o trabajar juntos hacia un objetivo común— y hacer que el cerebro pase a usar *esa* información para así concluir quién está dentro y quién está fuera del grupo.

PARTE TRES

Generando una cultura de servicio

Capítulo 8

El refuerzo de la identidad positiva

¿**Q**ué personaje de *Juego de Tronos* es *usted? ¿A qué casa de Howgarts pertenecería? ¿Es usted introvertido o extrovertido? ¿Optimista o realista? Haga este test de Facebook...*

A las personas les encanta descubrir cosas sobre sí mismas, como lo evidencia la gran popularidad de las pruebas de personalidad. A simple vista, este parece un ejercicio de egoísmo puro, casi tan improductivo como quedarse mirándose en un espejo durante horas. Pero, como lo demuestra la ciencia, tratar de entendernos lo más completa y exactamente posible —estudiando nuestros propios pensamientos, sentimientos y comportamientos— es una de las cosas más prácticas y útiles que podemos hacer.

La mayoría de personas se ve a sí misma —bien sea esto real o no— como servicial, porque ser de ayuda es parte de lo que significa ser una buena persona. La capacidad de servicio es, por lo general, un aspecto importante de la identidad de una persona. Además, ser alguien servicial es una forma bastante efectiva de aumentar la autoestima, por lo menos, en teoría. Por supuesto, existen reglas y límites. Por eso, entender el potencial de la identidad positiva como refuerzo, al igual que en el caso del refuerzo grupal, requiere entender cómo funciona.

Conózcase a sí mismo

Hay dos aspectos de su propio autoconocimiento que tienen enorme influencia sobre usted (sea usted consciente de ello o no). El primero, es su *identidad* o autoconcepto. En otras palabras, cómo *piensa* usted que es —sus características, sus fortalezas y debilidades, sus actitudes y preferencias—. En gran parte, usted usa este conocimiento de manera inconsciente para tomar cientos de decisiones a diario. ¿Se jugará el todo por el todo para lograr ese ascenso? ¿Qué hará su próximo día libre? ¿Qué desayunará? ¿Va a empezar a ver *Stranger Things?* Su idea sobre su propia identidad guía todas estas decisiones. Por eso, es muy importante que usted sepa con precisión cómo es usted —y sea consecuente con eso—, pues este hecho le permite elegir el camino más adecuado para usted, el que lo conducirá hacia su máxima felicidad y éxito, pues es el más apropiado para usted.

El autoconocimiento proviene de dos fuentes principales. La primera, es la autopercepción, que es, literalmente, observarse a sí mismo de la misma forma en que usted observa a quienes lo rodean. Sacará conclusiones acerca suyo, de sus talentos, habilidades y rasgos de carácter al analizar sus propios pensamientos y acciones e incluso sería posible asumir que todo ese proceso conlleva de forma natural a una evaluación bastante acertada. Después de todo, ¿quién conoce mejor lo que usted piensa, siente y hace que *usted mismo?*

Desafortunadamente, la autopercepción es complicada. Debido a que gran parte de lo que genera nuestro comportamiento no es del todo consciente, no siempre estamos pendientes de todo lo que ocurre en nuestro cerebro. Entonces, solo tenemos, en el mejor de los casos, una visión particular del "por qué" de las cosas que hacemos. Además, la memoria humana es imperfecta. Lo que podemos recordar, y qué tan fácilmente lo hacemos, suele tener un gran impacto en las conclusiones que sacamos sobre nosotros mismos.

Suponga que yo le pidiera que recuerde seis situaciones en las que usted se comportó de manera asertiva. Quizá, no sea tan difícil recordarlas, ¿verdad? Quizá, la semana pasada usted tomó la palabra en una reunión para cuestionar el punto de vista de un colega. Y al otro día, usted devolvió su porción de carne durante un almuerzo, porque el chef no la cocinó lo suficiente. Tal vez, usted esté pensando: *"Esto es fácil de hacer. Debo ser bastante asertivo"*.

Ahora, suponga que, en vez de pedirle que recuerde seis situaciones, fueran 12. Eso es un poco más difícil, ¿no? Después de seis u ocho, se le empiezan a agotar los recuerdos y usted tiene que esforzarse cada vez más para recordar otros ejemplos. Por eso, no es de sorprenderse que las personas a las que se les pide que piensen en seis situaciones en las que fueron asertivas se califiquen a sí mismas como *bastante más* asertivas que aquellas a las que se les pide que piensen en 12 situaciones[1]. Sin importar lo asertivo que usted sea, recordar 12 casos específicos en los que usted se comportó de esa manera es difícil. Por eso, las personas se dicen a sí mismas: *"Si de verdad fuera asertivo, debería ser capaz de recordar 12 situaciones... así que creo que no lo soy"*.

Por supuesto, la otra forma de conocernos a nosotros mismos es a través de los ojos de los demás. Nuestro concepto inicial de autoidentidad proviene directamente de nuestros cuidadores durante la niñez. *"Si mi mamá piensa que soy inteligente o divertido, entonces, es porque debo serlo"*. A medida que crecemos, observamos a nuestros pares, compañeros de relaciones, colegas y amigos para recolectar información sobre cómo somos.

Júzguese a sí mismo

El segundo aspecto del autoconocimiento que le da forma a su mundo es cómo *se siente* usted con su identidad. En términos generales, ¿a usted le agrada como usted es? ¿Piensa que tiene más características buenas que defectos? ¿Muchas o pocas habilidades? Estas evaluaciones contribuyen a su *autoestima*.

La autoestima es como un termómetro de la identidad interna. Sube y baja a medida que recibe retroalimentación sobre usted por parte del mundo que lo rodea. Sube cuando tiene éxito y recibe elogios y baja cuando afronta contratiempos y críticas. Pero, para la mayoría de nosotros, no hay enormes fluctuaciones. Así como en Oslo o en Ciudad de México la temperatura se mantiene dentro de cierto rango, en la gente con alta autoestima tiende a no bajar mucho mientras que aquellos con baja autoestima no disfrutan de una mejoría temporal en cuanto a odiarse a ellos mismos durante demasiado tiempo.

La autoestima es importante porque nos brinda información esencial: *¿Cómo voy?* ¿Tengo lo esencial para moverme por el mundo a nivel personal, social y profesional de tal forma que logro mis objetivos? La alta autoestima dice "Sí. Sí, lo tengo". En consecuencia, le da la confianza y la resiliencia para luchar en momentos difíciles. Las investigaciones demuestran que, en general, las personas con alta autoestima experimentan más emociones positivas que negativas. Tienen estrategias de afrontamiento más afectivas y persisten por más tiempo cuando las cosas van mal. Tienen mejor protección sicológica ante eventos difíciles en su vida como la pérdida de un trabajo, una relación o un ser querido. Además, suelen disfrutar de mejor salud, incluyendo una recuperación más rápida tras una enfermedad o cirugía.

Entendiendo la importancia de estos dos aspectos del autoconocimiento —tener una visión acertada de quiénes somos y disfrutar de ser quienes somos—, los sicólogos pasaron a la siguiente pregunta lógica: ¿Qué es *más* importante? ¿La gente le da más importancia a tener razón acerca de sí misma o a apreciarse a sí misma?

Las evidencias sugieren que, a pesar de los muchos giros y cambios por los que pasan las personas para verse a sí mismas de forma positiva (hablaremos más sobre esto en un momento), es un hecho que *conocerse a sí mismo* es la mayor prioridad del ser humano. Es tan desconcertante enfrentarse a la posibilidad de no conocerse a sí mismo o tener una opinión errónea de sí mismo que las personas reaccionan de forma sorpresiva.

Miremos, por ejemplo, un famoso estudio dirigido por el sicólogo William Swann en la Universidad de Texas, en Austin[2]. Los investigadores invitaron a estudiantes universitarios al laboratorio para que se midieran su autoestima mediante un cuestionario. Después, les pidieron que escribieran varios párrafos sobre sí mismos como parte de una prueba de personalidad que sería evaluada por otros tres estudiantes universitarios. Después, el investigador les mostró a los participantes tres evaluaciones, (las cuales eran falsas). Una era positiva, otra era negativa y la otra era neutral. Por último, les pidió a los participantes que calificaran qué tanto les gustaría conocer a cada uno de sus evaluadores.

Puede que usted esté pensando que todos quisieran conocer a la persona que los calificó de forma favorable. Y en general, tiene razón. Pero tal y como lo demostró la investigación de Swann, eso es porque la mayoría de la gente se ve *a sí misma* de manera favorable. Sin embargo, entre aquellos participantes que tenían reportes negativos, la preferencia fue casi unánime para el evaluador *negativo*.

Cuando estudios como este fueron publicados, muchos sicólogos se mostraron escépticos. Durante años, la opinión predominante era que casi todo mundo querría interactuar con otras personas que les subieran la autoestima, sobre todo, aquellos que no tenían la mejor visión sobre sí mismos. Pero desde entonces, ha quedado claro que el deseo de verse a sí mismo de forma positiva, aunque es fuerte, le sigue al deseo de verse a sí mismo de forma correcta. Si yo pienso que soy bastante mala, entonces, cualquiera que piense algo diferente tiene el potencial de causarme gran inquietud. Sus puntos de vista reducen la legitimidad de los míos. Entonces, no, gracias.

Puede que usted haya visto este fenómeno en acción en usted mismo. ¿Alguna vez ha halagado de forma sincera a un amigo o a su pareja y luego ha visto que ellos se aterran o incluso lo contradicen al respecto?

Usted: *¡Eres una magnífica cocinera, Susan!*

Susan: *¡No, de hecho cocino muy mal! Estás equivocada. La gente hasta podría morirse si probara mi comida.*

En el momento, este parece un hecho inexplicable, desagradecido y hasta doloroso. Pero esa misma es la intensidad del deseo de conocerse a usted mismo de forma precisa. Si Susan se ve a sí misma como una cocinera terrible (en caso de que esa sea la historia que ella se ha estado diciendo a sí misma), podría sentir el halago que recibió como una amenaza, aunque ella misma no entienda del todo por qué. Y las personas que se sienten amenazadas, incluso implícitamente, se comportan mal.

Pero soy genial

Dicho eso, casi todos disfrutamos recibiendo elogios, pues en gran medida, tenemos opiniones positivas de sí mismos. Aquí no hay ninguna contradicción. Quizás, usted se sorprenda, pues es posible que haya *conocido* personas que le parecen terribles. Entonces ¿cómo logramos tener una imagen positiva de nosotros mismos a pesar de nuestros tantos defectos? Bueno, los seres humanos tenemos una amplia variedad de formas inteligentes de lograrlo.

Si no fuera por la gracia de Dios...

Primero, tendemos a hacer algo llamado comparación social en descenso. Tal vez usted le haya oído decir a alguien: "¡Oigan, por lo menos no soy como ese tipo!". Hay estudiantes promedio que se comparan a sí mismos con los estudiantes de calificaciones más bajas en vez de compararse con los de mejores resultados; también está el caso de la persona en un matrimonio que no es feliz y se enfoca en cuán agitado es el divorcio de su amigo; o el divorciado que se siente agradecido de haber dejado de ser parte de los infelizmente casados. Ejemplos como estos nos muestran que, con bastante frecuencia, nos comparamos entre nosotros, aunque a menudo no de forma consciente. Dichas comparaciones no son al azar, sino que tienen un objetivo que, casi siempre, es encontrar a algún pobre tonto que esté peor que nosotros para así poder sentirnos mejor.

Explíquese

Hágame un favor. Durante un breve momento, piense en la última vez que ganó algo o en un momento en que se sintió exitoso. (Yo esperaré). Bien. Ahora, *¿por qué* cree usted que tuvo éxito?

Ahora, piense por un momento en su contratiempo más reciente, en un momento en el que sintió que había fallado. ¿Listo? ¿Por qué considera que tuvo ese inconveniente?

Ahora, ¿nota algo diferente acerca de *cómo* explicó usted su éxito y su fracaso? Si usted es como la mayoría de personas con autoestima más o menos alta, lo más probable fue que explicó su éxito en términos de sus talentos y habilidades, pero se refirió a su falla como el resultado de sus circunstancias. *Logré obtener esa gran cuenta debido a mi persistencia y a mi pensamiento creativo. Perdí esa cuenta porque mi jefe me ha asignado demasiadas cosas por hacer y no he podido dedicarles el tiempo que necesitan.*

Los sicólogos le llaman a esto una diferencia en atribución o estilo explicativo y afirman que aquello a lo que le atribuimos nuestros éxitos y fracasos está íntimamente relacionado con nuestro concepto de autoestima. También es un factor crítico para predecir quién experimenta sentimientos de indefensión y depresión. Las personas con un *estilo explicativo optimista* que conduce a una mayor autoestima y resiliencia tienden a atribuirles sus éxitos a algo sobre sí mismas, que es interno y estable, como su inteligencia, creatividad, ética de trabajo, etc. En contraste, les atribuyen sus fallas a algo cambiante y circunstancial y dicen cosas como: *"No recibí el apoyo que necesitaba. No usé la estrategia correcta. La gente está en mi contra"*. (Está bien, la última expresión es tal vez demasiado paranoica, pero ya usted habrá captado la idea).

¡Huya!

Nunca subestime la capacidad humana de negación. Una de las estrategias más comunes, y más efectivas a largo plazo, de mantener una alta autoestima es, simplemente, ignorando lo malo. La gran mayoría de la gente tiene muchas cosas a las que elige prestarles su atención, de forma que, de ser necesario, tengan la opción de enfocarse en algo diferente a sus fallas y defectos. (Por ejemplo, yo evito a toda costa ver mi reflejo en días en los que no he dormido muy bien, pues sé que parezco como si me hubieran atropellado). Sin embargo, esta estrategia requiere algo de riesgo, porque al final, estas cosas tienden a alcanzarnos. Si usted se niega a sí mismo que es desorganizado o malo para manejar su tiempo, hay pocas esperanzas de que mejore en alguno de estos dos aspectos. Si usted se niega a sí mismo que no puede ver bien cuando conduce de noche, terminará estrellado contra un árbol.

Una prima cercana de la negación es otra estrategia poco efectiva llamada "autolimitación". En esencia, la idea es sabotear nuestro propio desempeño a propósito, de tal forma que, cuando fallemos, podremos echarle la culpa al sabotaje y no a algo nuestro, como nuestras habilidades o nuestro carácter. En ocasiones, los estudiantes se autolimitan cuando deciden no estudiar para un examen difícil. Las parejas pueden tener comportamientos que las distancian o las afectan y que afectan negativamente su relación. En ambos casos, cuando las cosas fallan, porque es un hecho que fallarán, se les puede echar la culpa bien sea a la falta de estudio o al distanciamiento. Ambas afectan menos la propia autoestima que abrirle la puerta a la posibilidad de que *no soy lo suficientemente bueno.*

No, pero en serio, soy genial

Así como es posible decidir ignorar nuestros reveses y debilidades, también podemos elegir enfocar toda nuestra atención en nuestras mejores y más sobresalientes cualidades. Podemos deleitarnos con nuestra propia genialidad, presumir con nuestros amigos y compañeros de trabajo y hablarnos de forma positiva frente al espejo del baño. Los estudios demuestran que algo tan simple como tomarnos un momento para pensar en nuestros valores, como la honestidad, la compasión y la generosidad, traerá como resultado aumentos tangibles de la autoestima. Esto nos lleva, finalmente, al tema de este libro.

Lo que el hecho de prestar ayuda dice sobre mí

Casi siempre, las personas hacen cosas amables y generosas todo el tiempo, porque las situaciones en las que ellas se encuentran así lo requieren. Si usted ve a alguien luchando para mantener una puerta abierta, lo más seguro es que se la mantendrá abierta para que ella pueda entrar. Si a alguien se le caen unos papeles frente a usted, usted se detendrá y le ayudará a recogerlos. Estas son cosas que se hacen casi sin pensarlas, porque las normas de la sociedad determinan que, similar a manejar por un lado en particular de la calle o a no orinar en público, eso es lo que *usted debe hacer* si quiere vivir entre nosotros, su comunidad. Cuando actuamos de manera servicial, no necesariamente recibimos un refuerzo, a menos de que ese comportamiento esté conectado explícitamente con nuestra identidad. En otras palabras, no es que yo haya hecho algo servicial, sino que *soy una persona servicial.* En esta última afirmación es donde se encuentra el refuerzo y, en consecuencia, la motivación y los beneficios de algún bienestar.

Por ejemplo, los estudios demuestran que, en niños de tan solo tres años, haber escuchado que ellos podían ser "ayudantes", era mucho más motivador y los llevaba a esforzarse mucho más a ayudar que cuando se les dice que van a "ayudar" en ciertas tareas como colaborarle a otro niño a limpiar sus bloques de construcción.

De forma similar, es mucho más probable que las personas voten si el día antes de la elección se les pregunta: "¿Qué tan importante es para usted *ser un votante?*" . Es evidente que tal pregunta tendrá más efecto que: "¿Qué tan importante es para usted *votar?*"[3]. Además, la gente hace donaciones mucho más altas cuando se le pregunta si le gustaría ser un "generoso donador" que si tan solo se le pide que haga "una generosa donación".

Establecer una conexión directa entre cómo la capacidad de servicio se relaciona con la clase de persona que es usted también es esencial para recurrir a una fuente muy poderosa de refuerzo de la identidad positiva: la gratitud. En estos días, se lee mucho acerca de investigaciones que demuestran que poner en práctica la gratitud —*sentirse agradecido* por las cosas buenas de la vida— tiene todo tipo de beneficios para la salud y el bienestar. Estos artículos suelen terminar con una invitación al lector para que empiece a llevar un diario de gratitud y favorecerse así de todos los beneficios personales que implica el hecho de ser agradecido.

No hay nada de malo en ello. Sin embargo, también vale la pena tener en cuenta el otro propósito de la gratitud, que es quizá más importante: el de mejorar nuestras relaciones con aquellos en quienes confiamos y lograr que aumente la probabilidad de que ellos vuelvan a ayudarnos en el futuro.

Históricamente, gran parte de las investigaciones sobre la gratitud se ha enfocado en su función social, no en su impacto en nuestro cerebro. Todas estas investigaciones han demostrado, para decirlo abiertamente, que expresarle gratitud a alguien que nos ayuda mantiene a esa persona interesada y comprometida en tener una relación a largo plazo con nosotros. Hace que a ella le parezca que su tiempo, esfuerzo y molestia valen la pena cuando se trata de ayudarnos.

En esta misma línea, no hay nada como la ingratitud para dañar una amistad. Casi todos recordamos un momento en que nos impactó la falta de aprecio y la desconsideración de alguien como respuesta a nuestra generosidad. (Y si usted es padre, es posible que algo así le haya ocurrido esta mañana durante el desayuno). Ante su falta de algún tipo de agradecimiento, muy pronto, la gente querrá dejar de ayudarle. En varios estudios hechos por Francesa Gino y Adam Grant se demostró que la ausencia de agradecimiento por una ayuda prestada implicaba que la tasa de ayuda en el futuro se reduciría de inmediato a la mitad[4].

En otras palabras, la gratitud es como un pegamento que lo une a usted con su benefactor. Es una actitud que le permite recurrir al mismo pozo una y otra vez cuando usted necesite apoyo, sabiendo que este no se secará.

La parte crucial que hay que recordar cuando se da un refuerzo de identidad positiva es hacer énfasis, ya sea en su solicitud inicial o en una posterior expresión de agradecimiento, en la *clase de persona* que el ayudante es y en que al prestarle su apoyo demuestra *quién es*. Recuerde lo que cubrimos en el Capítulo 6: decir gracias de la forma correcta significa elogiar a la otra persona por ser amable, generosa, abnegada y atractiva. (Está bien, tal vez, esto último no). Esto no significa hablar acerca de cómo su ayuda le permitió a usted disfrutar de unas merecidas vacaciones o impresionar a su jefe. Quizá, sea usted quien necesite ayuda, pero si quiere que el hecho de que le ayuden sea motivador y gratificante, debe hacer énfasis en la importancia de su ayudador y no en usted.

La identidad del ayudante es la que importa, no la suya

En este sentido, recuerde que aquello que representaría una mejora positiva para su *propia* identidad no es necesariamente lo mismo que para su ayudante. Por ejemplo, si me piden que haga una donación a Human Society para poder ser "amiga de todos los animales", esto solo funciona si yo quiero ser amiga de todos los animales. Pero tal vez, yo detesto a los animales. En ese caso, pedirme que haga una donación para así ayudar a llevar a animales perdidos a refugios y que sea una "defensora de nuestra comunidad" evitando que haya perros perdidos en las calles será un mejor argumento para convencerme.

A menudo, exactamente el mismo comportamiento que estamos buscando puede ser explicado como uno que tiene múltiples propósitos y que aumenta de varias maneras la identidad positiva. La clave es encontrar maneras apropiadas de lograrlo. Por ejemplo, los estudios sugieren que, con mucha frecuencia, los mensajes a favor del medio ambiente solo se plantean desde términos morales relativamente estrechos que recurren de manera específica a valores liberales, al evocar conceptos como *injusticia, daño o cuidado*[5]. En consecuencia, estos mensajes motivan solo a personas con un pensamiento liberal, con un potencial de crear una identidad positiva. Sin embargo, cuando los investigadores plantean estos mismos mensajes en términos morales para llamar la atención de conservadores, al incluir conceptos como *pureza y santidad, respeto a la autoridad y patriotismo,* emerge un patrón diferente:

Enfoque liberal:

"Demuestre su amor por toda la humanidad y el mundo en el que vivimos ayudando a nuestro vulnerable entorno natural. Actúe para ayudar a reducir el daño causado al medio ambiente. Al preocuparse por la naturaleza, usted contribuirá a garantizar que las personas de todo el mundo disfruten de un acceso justo a un medio ambiente sostenible. Haga lo correcto para prevenir el sufrimiento de todas las formas de vida y garantizar que a nadie se le niegue el derecho a vivir en un planeta sano. ¡Demuestre su compasión!"

Enfoque conservador:

"Demuestre su amor por su país uniéndose a nuestra lucha por proteger la pureza del medio ambiente de EE.UU. Siéntase orgulloso de la tradición estadounidense de llevar a cabo su deber cívico de responsabilizarse por usted mismo y por la tierra que llama hogar. Si asume una posición más radical para proteger el entorno natural, estará honrando toda la Creación. Demuestre su respeto siguiendo los ejemplos de sus líderes religiosos y políticos que defienden el entorno natural de EE.UU. ¡Demuestre su patriotismo!".

Los investigadores encontraron que, cuando los mensajes en pro del medio ambiente se relacionaban con los valores políticos y morales de los participantes, ellos demostraban mayores intenciones de tener comportamientos en pro del medio ambiente y se preocupaban más por el peligro del cambio climático[6]. Entonces, para maximizar el refuerzo de identidad positiva, conozca a su audiencia y enfatice aquello que les importa a ellos, no a usted.

Obi-Wan Kenobi, eres mi única esperanza

En un capítulo anterior, hablamos de la importancia de evitar la *difusión de la responsabilidad* cuando se pide ayuda. Enviarles a 50 personas un correo electrónico en el que se les pide el mismo favor hace que todas ellas piensen: "Yo no tengo por qué hacer esto. Otra persona lo hará".

Pero hay otro aspecto clave acerca de la motivación del ayudante que a menudo pasamos por alto: el hecho de que otra persona *podría* ayudarle a usted afecta su potencial refuerzo de identidad positiva. Porque lo que la gente realmente quiere brindar es ayuda única, o para usar el término técnico, ayuda "no sustituible". Es decir, ayuda que solo *ellos* puedan brindar. Porque entre más única sea la ayuda, más íntimamente relacionada está con quién es la persona que la brinda.

Los estudios han demostrado que la ayuda que tiene que ver con nuestra "esencia" —como nuestro nombre (por ejemplo, en la firma), nuestras posesiones personales o nuestro cuerpo físico (por ejemplo, donar sangre) — aumenta la autopercepción de generosidad y compromiso con la ayuda constante, en comparación con otros bienes de igual valor, como el dinero. También se ha indicado que casos como estos, en los que las personas dan algo que representa quiénes ellas son, también conllevan mayor generosidad cuando se les da la oportunidad de ayudar en el futuro[7].

Por ejemplo, en un estudio, los investigadores les dieron bolígrafos a los participantes y les pidieron, al salir del estudio, que les donaran el bolígrafo a niños en países en vía de desarrollo. Aquellos que habían recibido el bolígrafo al principio del estudio se calificaron a sí mismos como más generosos y comprometidos que aquellos que lo recibieron al final, pues había pasado cierto tiempo y ellos sentían que el bolígrafo realmente les pertenecía.

En un segundo estudio, las personas que compraron galletas para apoyar a una organización caritativa y escribieron su nombre en la orden de compra se sintieron más generosas y comprometidas que aquellas que solo pagaron por la galleta.

Aquí ocurren dos cosas. La primera, es que dar algo de sí mismo, cuando se trata de algo que solo usted puede dar, arroja como resultado un mayor valor subjetivo de la donación. Esto se debe a uno de los hallazgos más importantes de toda la sicología y se conoce como el *efecto dotación*. Significa que todos pensamos que nuestras cosas valen más solo porque son *nuestras*. (Un rápido ejemplo de un experimento común: un estudiante universitario entra al laboratorio y usted le muestra una bonita taza con la insignia de su universidad y le pregunta cuánto dinero estaría dispuesto a pagar por ella. El estudiante contesta: "$3 dólares". Un segundo estudiante entra al laboratorio y usted le *da* una bonita taza. Luego, le pregunta cuánto tiene usted que pagarle para que él se la devuelva. El estudiante dirá: "$5 dólares". Como ya él es el *dueño* de la taza, esta parece tener mayor valor. Y esta, en esencia, es la razón por la cual todas las transacciones de bienes raíces son una completa pesadilla).

Lo segundo que ocurre es que la ayuda única brinda una mayor integración entre el acto generoso con nuestro autoconcepto propio. Después de todo, la ayuda que solo yo puedo brindar debe decir algo bueno sobre mí.

Entonces, para activar el refuerzo de identidad positiva, encuentre formas de transmitir la idea de que el ayudante está en una posición única para prestarle su ayuda y que usted —como Obi-Wan— es su única esperanza.

Para recordar

- La gente tiene una fuerte necesidad de verse a sí misma como buena. Una identidad positiva es un poderoso refuerzo del comportamiento.

- Cuando se nos confronta con una evidencia de que no somos buenas personas, la mayoría de nosotros la subestima. Por el contrario, aprovecharemos la oportunidad de vernos como buenas personas en vez de como aquellos que solo hacen buenas cosas ocasionalmente.

- Los estudios demuestran, por ejemplo, que para niños de tan solo tres años es más motivante y conlleva más esfuerzo escuchar que ellos pueden ser "ayudantes" en vez de tan solo "ayudar" en tareas como ayudarle a otro niño a limpiar sus bloques de construcción.

- Cuando haga un refuerzo de identidad positiva, enfatice, ya sea en su solicitud inicial o en su manifestación final de agradecimiento, la gran clase de persona que es el ayudante y cómo su ayuda habla de quien él o ella es.

Capítulo 9

El refuerzo de la eficacia

¿*Cuál es el significado de la vida?*

Ok, espere. No quiero entrar en eso. Permítame bajarle el tono un poco.

¿Qué quieren las personas?

Esa sigue siendo una gran pregunta —una que los sicólogos han abordado ampliamente desde que existe la sicología—. Y antes de ellos, fueron los filósofos quienes lucharon por responderla. Y, por supuesto, todavía ninguno de los dos grupos tiene la última palabra sobre el tema. Sociólogos, politólogos (y políticos), líderes militares, ejecutivos del marketing, educadores, cabilderos, activistas e influenciadores de todas las formas y tamaños han tratado de descubrir qué motiva a la gente a hacer lo que hace.

Si usted le hace esta pregunta al azar a alguien en la calle, lo más probable es que la respuesta que reciba sea algo similar a: "La gente quiere ser feliz". Sigmund Freud, el padre fundador de la sicología y amante del cigarro, dio una respuesta similar —la cual

159

fue la base implícita de cómo abordaron los sicólogos durante un siglo el tema de la motivación—. Freud afirmó que los seres humanos queremos acercarnos al placer y evitar el dolor. Punto. Si algo nos causa placer (o nos produce una placentera sensación de recompensa), lo hacemos. Si nos duele, no lo hacemos.

Dicha afirmación suena demasiado obvia. Tanto, que la comunidad científica y el público en general se la creyeron. Así se explican 100 años tratando de motivar a las personas mediante el efectivo sistema de premios y sanciones.

Solo que… es un error. O para ser más precisa, esa es una explicación equivocada de por qué los seres humanos hacemos cosas. Porque hay una razón para actuar que es incluso más fuerte que el placer y el dolor, y si usted quiere asegurarse de que otros se beneficien de ayudarle a usted, debe saber de qué se trata.

El problema del enfoque "buscar el placer/evitar el dolor" dentro de la motivación humana es bastante obvio. La gente renuncia al placer e incluso elige el dolor todo el tiempo. Piense por ejemplo en:

- El maratonista que entrena muchísimas horas al día en condiciones deliberadamente difíciles. (Y no me hable de esa tontería de la adrenalina del atleta. Ninguna adrenalina logrará convencerme de que correr tanto sea una actividad que haga que uno *se sienta bien*).

- Los padres que soportan la falta de sueño y la constante ansiedad del cuidado de sus hijos. (Sobre todo, con el segundo o tercer hijo, porque, en ese punto, uno ya sabe en qué se está metiendo).

- Los alumnos que estudian todo el día, todos los días, temas como química orgánica y cálculo avanzado solo por tener la posibilidad de ingresar a un programa en una escuela de medicina (que ellos saben bastante bien que los torturará durante otros cuatro años, después de los cuales tendrán que pasar por el infierno de la residencia médica).

- Los soldados que son conscientes de que ponen sus vidas en riesgo para salvar a sus camaradas y proteger a civiles inocentes.

Y ni siquiera tenemos que ponernos tan dramáticos con el tema. *Piense en usted*. En lo que hizo hoy. (O si está leyendo esto durante el desayuno, recuerde cómo fue su día de ayer). ¿Qué porcentaje de su día le dedicó a cosas que le causaran placer o a cosas por las que obtuvo una recompensa inmediata? Bien. Ahora piense en qué tanto hizo que su día fuera difícil, estresante, tedioso o desagradable de alguna u otra manera. Entonces, ¿podría decir con total honestidad que el enfoque buscar el placer/evitar el dolor es lo que guía *su propia* vida?

¡No! Ni la mía tampoco. Ni la de nadie. El simple hecho de que veamos con demasiada frecuencia que las personas están dispuestas a morir por aquello en lo que creen y por las cosas que les importa significa que la vida *no* se trata de eso, pues, en ese punto, ya no hay placer.

Todo mundo quiere ser feliz, pero la felicidad no es la fuerza motivadora detrás de la mayoría de cosas que hacemos. No es lo que nos mantiene andando. Sorprendentemente, no es un refuerzo tan grande. Entonces, usted no tiene que preocuparse por si su solitud de ayuda hará feliz al ayudante o no, ni por si el acto real de ayudar será divertido, excitante o agradable de alguna otra manera. Y esa es una buena noticia, porque, casi siempre, ayudar implica un trabajo duro.

Hasta el momento, he hablado de dos refuerzos: la idea de *pertenecer a un grupo* y la *identidad positiva*. Técnicamente, no es necesario que ambos estén presentes cuando uno hace una solicitud de ayuda. Cualquiera servirá. Sin embargo, hay un refuerzo que *debe* estar presente para que su ayudante obtenga los beneficios de ayudar en su propio bienestar. En pocas palabras, me refiero a darle la oportunidad de que se sienta *eficaz*.

El impacto es vital

Quizá, desde B. F. Skinner, ningún otro sicólogo ha contribuido más a la ciencia de la motivación que E. Tory Higgins. (Aclaración: Higgins fue mi mentor y coautor de uno de mis libros. Y permítame decirle: él sí que sabe de lo que habla).

En uno de sus libros más recientes, *Beyond Pleasure and Pain*, Higgins argumenta que el deseo de sentirnos eficaces (de saber que somos capaces de enfrentarnos a lo que sea con tal de lograr el objetivo que buscamos) es lo que en realidad nos motiva y le da significado a nuestra vida. Queremos tener un impacto en el mundo a nuestro alrededor, así sea pequeño. Siendo sinceros, la felicidad no es lo esencial. De forma rutinaria, las personas escogen tener vidas llenas de sufrimiento y autosacrificio, pues lo que más les interesa es el *impacto* de sus decisiones.

Los emprendedores no se sienten "felices" de trabajar cientos de horas a la semana para lograr que sus empresas despeguen. Los atletas olímpicos no consideran "divertido" el hecho de renunciar a tener vidas normales llenas de amigos solo para lograr la excelencia en su deporte. No hay nada de "placer" en la falta de sueño que se requiere para alimentar y cuidar a un recién nacido noche tras noche. Pero *sí* hay un impacto. Por lo menos, una sensación de eficacia que nos impulsa a seguir adelante.

¿Qué pasa cuando a la gente le falta ese sentimiento de eficacia? A corto plazo, elimina por completo la motivación en su vida. Las investigaciones demuestran que, cuando no recibimos ningún tipo de retroalimentación sobre nuestro desempeño en determinada tarea, más pronto que tarde, nos sentimos desalentados[1]. Y esto está 100% relacionado con cómo están configurados los sistemas de motivación en el cerebro humano. Hacemos un esfuerzo e iniciamos acciones solo cuando nuestro cerebro detecta una discrepancia entre el objetivo que estamos tratando de alcanzar y en qué punto estamos con respecto a esa meta. (Por ejemplo, por eso es que pesarnos con regularidad cuando hacemos dieta es importante. Saber cuánto nos queda por perder es, en gran parte, lo que nos hace seguir adelante. Al igual que la sensación de que nos estamos acercando a la meta y que hemos progresado. En otras palabras, queremos tener la certeza de que lo que estamos haciendo es eficaz).

A largo plazo, el hecho de que una persona no se sienta eficaz se ha asociado con niveles clínicos de indefensión y depresión. Las investigaciones sugieren que uno de los sellos distintivos del pensamiento depresivo es la tendencia de esa persona a atribuirles los resultados negativos de su vida a factores que están fuera de su propio control y que son relativamente estables[2]. *(Mis relaciones no funcionan, porque yo no soy alguien a quien amar. No he sido ascendido en mi trabajo, porque no tengo suficiente talento. No recibí el aumento, porque el gerente me tiene entre ojos).* No tener el impacto que usted busca en su vida, una y otra vez, crea en usted la sensación de que no tiene el poder para lograr un cambio real.

Cuando usted no puede evitar ese sentimiento de ser ineficaz, la falta de motivación se convierte en algo mucho peor: en una falta de propósito y significado. Observe a una persona que trabaja a diario en el lanzamiento de un producto durante varios meses. Por fin, el producto es lanzado y empieza a generar una cantidad modesta de ingresos. No tantos como la persona esperaba, pero tampoco es un desastre total. Entonces, para discutir los próximos pasos a seguir, esta persona programa una reunión de revisión con el equipo y los ejecutivos que le pidieron que colaborara en el proyecto y uno de los ejecutivos opina que los ingresos que el nuevo producto está generando son completamente insignificantes. Y lo que es peor, otro ejecutivo admite que *olvidó por completo* que le había pedido a esa persona que trabajara en el proyecto, por lo cual la persona se va totalmente desmotivada. En conclusión, el producto en el que ella trabajó no solo es ineficaz, sino que toda la tarea fue tan trivial que uno de los ejecutivos hasta olvidó que existía.

No es de sorprenderse entonces que el deseo de sentirnos eficaces cuando se trata de brindar ayuda y que el hecho de ver que nuestros esfuerzos son realmente *útiles* sean tan importantes para mantener nuestra motivación por brindar ayuda y a la vez disfrutar de los beneficios sicológicos de ayudarles a quienes solicitan nuestra colaboración. Si yo trabajo durante varios días y fines de semana para lanzar un producto del que usted se ha olvidado por completo, ¿me emocionará trabajar en cualquier otro proyecto que usted me proponga en el futuro? Si dono de mi dinero a su causa sin una idea clara del impacto tangible que mi ayuda está teniendo en la vida de otros, ¿qué gratificación encontraré en ello? Si yo le escribo una carta de recomendación para un nuevo empleo y nunca vuelvo a saber de usted, ¿cómo se supone que debo sentirme con respecto a los inconvenientes por los cuales pasé con tal de ayudarle? ¿Cómo sé si valió la pena hacer todo lo que estuvo a mi alcance? Además, ¿cómo sé que había podido usar mi tiempo, mi dinero y mi esfuerzo de *mejor* forma?

Ver que su ayuda es eficaz significa más ayuda (y más gratificante)

Las investigaciones han demostrado que la eficacia de la ayuda es un refuerzo esencial. Por ejemplo, analicemos un estudio en el que se les pidió a los participantes que les hicieran donaciones a una o dos organizaciones humanitarias diferentes: a UNICEF y a Spread the Net[3]. Por su parte, la solicitud de donar a UNICEF era general y abstracta, ya que es una organización grande que les proporciona recursos a una amplia variedad de iniciativas relacionadas con la salud de los niños. Aunque es evidente que una donación a UNICEF beneficiaría a los niños que la necesitan, los donantes no tenían claro quién se beneficiaría, ni cómo. Por otro lado, la solicitud de donar a Spread the Net era más concreta y descriptiva, pues explicaba que los fondos se usarían para comprar toldillos y así detener la propagación de malaria en regiones del mundo donde esta enfermedad es endémica. Como resultado, los investigadores encontraron que las donaciones más grandes a organizaciones como estas generaron mayor aumento del bienestar de los donantes, pero *solo* a aquellos que aportaron dinero a Spread the Net (no a UNICEF), quienes entendían con total claridad el impacto que tendría su ayuda.

La eficacia no tiene impacto solo en los beneficios sicológicos de brindar ayuda. En primer lugar, tiene impacto en la posibilidad de que uno ayude. Por ejemplo, ponerse en los zapatos de una persona que tiene necesidades y sentir empatía como resultado de esto tiene más probabilidad de lograr ayuda cuando las personas creen que recibirán alguna clase de retroalimentación sobre el apoyo que brindaron[4]. Además, muchos investigadores argumentan que la razón por la cual las víctimas fácilmente identificables reciben más asistencia de forma continua que las anónimas es porque los ayudantes potenciales pueden imaginarse con mayor facilidad las diferencias que se lograrán con sus esfuerzos[5].

Las investigaciones realizadas por Adam Grant, Francesco Gino y otros han demostrado que, con el tiempo, los sentimientos de eficacia también tienen influencia directa en la posibilidad de brindar apoyo continuo[6]. En un estudio, por ejemplo, los estudiantes que recibieron una nota de agradecimiento de alguien que había recibido ayuda se mostraron más dispuestos a ofrecerle ayuda adicional a esa persona e incluso a otras[7]. En este caso, la gratitud es un factor, por supuesto, pero es igual de importante saber que la ayuda que usted brindó marcó una diferencia.

En otro estudio, varios voluntarios que estaban recaudando fondos para una beca universitaria tuvieron diferentes niveles de exposición con sus beneficiarios. Algunos no tuvieron ningún contacto con ellos; otros leyeron una carta de alguien que había recibido una beca en el pasado; y un tercer grupo tuvo la oportunidad de conocer e interactuar con sus beneficiarios, quienes hablaron de cómo la beca les había ayudado a cambiar su vida.

Un mes después, los investigadores hallaron que el contacto interpersonal directo con el beneficiario de la ayuda había logrado que los voluntarios pasaran más del doble de tiempo solicitando ayuda vía telefónica y que la donación total solicitada se duplicara. Es interesante que solo leer la carta no hubiera sido suficiente para lograr un impacto en las tasas de ayuda.

En otro estudio, Grant analizó la productividad de unos nuevos empleados en el call center de una empresa privada en el Medio Oeste de EE.UU. la cual les vendía software educativo y de marketing a instituciones de educación superior y sin ánimo de lucro[8]. Los ingresos que estos empleados generaron ayudaban a mantener los empleos en otro departamento, pero los empleados no tenían contacto directo con esas personas.

Grant le pidió a un beneficiario del otro departamento que hablara en el call center durante 10 minutos acerca de la forma en que los ingresos que ellos generaban servían para apoyar la creación de empleos e incluso hacían que sus propios empleos fueran posibles. El investigador halló que esta corta, pero poderosa intervención tuvo enormes efectos, pues las ventas y los ingresos del call center casi se duplicaron en los meses siguientes.

Hacer esfuerzos por el beneficio de otro puede ser agotador, por supuesto; sobre todo, dada la cantidad de responsabilidades y presiones que todos tenemos. Ayudar implica más que trabajo. Por ejemplo, cuando la persona que necesita ayuda está consternada o deprimida, brindarle ayuda suele requerir hacer tareas agobiantes a nivel sicológico como asumir una perspectiva, regular las emociones y descifrar problemas complejos. Pero las investigaciones demuestran que saber que la ayuda brindada tuvo un impacto puede tener grandes repercusiones en nuestro bienestar[9].

En un estudio, los investigadores les pidieron a estudiantes de maestría que diligenciaran una encuesta diaria durante 15 días hábiles consecutivos. En ella, medían la ayuda con enunciados como: "Hoy, hice un gran esfuerzo para ayudarles a mis compañeros de trabajo que solicitaron mi colaboración en problemas relacionados con nuestro empleo". También medían los sentimientos de eficacia y el impacto con enunciados como: "Siento que hoy mi ayuda con los temas antes mencionados marcó una diferencia positiva en la vida de mis compañeros". Luego, los investigadores hallaron que el sentimiento diario de agotamiento y fatiga de los estudiantes de maestría estaba directamente relacionado con el impacto de su ayuda: entre *más* impacto tenían, *menos* cansados se sentían.

Cómo aumentar el sentimiento de eficacia de sus ayudantes

Cuando se trata de solicitar ayuda, el factor más ignorado suele ser que los ayudantes necesitan sentirse eficaces para que quieran ayudarle, para beneficiarse de hacerlo y para mantener su ayuda aun con el paso del tiempo. Estas son algunas cosas que usted podría hacer para garantizar que sus ayudantes sepan que su ayuda hizo posible que usted lograra su meta.

1. **Sea completamente claro sobre la clase de ayuda que requiere y cuál será su impacto.** Solicitudes vagas e indirectas hacen difícil que la gente imagine cómo funcionarán las cosas y si estas tendrán un impacto o no en las circunstancias presentes. Por ejemplo, con frecuencia, he recibido solicitudes de personas que "querían que nos reuniéramos a tomarnos un café" para "preguntarme qué pienso yo sobre algunos temas". Siempre, le digo que no a este tipo de solicitudes. Cuando no tengo idea de qué quiere la persona o por qué o cómo podría yo ayudarle, no me interesa. En realidad, a nadie le interesa.

2. **Haga una actualización posterior.** Anuncie de antemano que lo hará. Uno no se siente bien cuando no sabe si el tiempo y el esfuerzo que le dedicó a algo valieron la pena. Uno no se siente bien cuando no está seguro de si la persona que necesitaba ayuda quedó mejor o peor. Tómese el tiempo de decirles a las personas qué clase de impacto tuvieron ellas sobre usted y cómo resultaron las cosas. Decirle a alguien desde el momento de la solicitud de ayuda que usted planea informarle sobre esto le da a ella la confianza de que terminará sintiéndose eficaz.

3. **En lo posible, permita que la persona elija cómo ayudarle.** Sea directo y específico acerca del tipo de ayuda que está buscando. Igual de importante es estar dispuesto a aceptar ofertas alternativas de ayuda, incluso si estas no son la que usted quería. A menudo, las personas quieren tener cierta flexibilidad. Después de todo, los ayudantes quieren brindar la ayuda en la que tienen más probabilidad de ser eficaces. Algo que de verdad puedan hacer, dadas las otras presiones de tiempo que tienen. El otro día, un reportero quería

programar una llamada conmigo para escribir un artículo
sobre las primeras impresiones. Había poco tiempo y yo
tenía varias reuniones programadas durante los siguientes
días. Entonces, le propuse contestarle las preguntas por
correo electrónico, sabiendo que, aunque no era lo ideal,
por lo menos, podría ayudarle de alguna manera. Al final,
el reportero terminó con unos cuantos comentarios míos
que él podría usar en su artículo y yo pude entregarle mis
respuestas a tiempo. Me sentí bien por la ayuda que le
brindé, en vez de haberle dicho que no a secas.

Pensar en el refuerzo de la eficacia me ayudó a comprender un
libro clásico de niños escrito por Shel Silverstein: *The Giving Tree*.
Nunca había entendido por qué ese libro le gusta a la gente. Le
haré un pequeño resumen, en caso de que usted no lo haya leído
todavía: un árbol y un niño se aman mutuamente. Con el paso
de los años, el niño empieza a ignorar y a descuidar cada vez más
al árbol, aunque, en ocasiones, pasa para pedirle sus manzanas,
sus ramas, partes de su tronco, etc. por las que parecen ser sus
propias y egoístas razones. Entonces, por amor, el árbol accede a
darle todo lo que él le pide. Al final, cuando lo único que queda
del árbol es un pequeño tronco, el niño, que ahora es un anciano,
regresa para sentarse sobre él. En este punto, y aquí cito: "el árbol
estaba feliz". Aunque podría, en cierta forma, afirmar que el árbol
salió perdiendo.

Pero viéndolo con los lentes de la eficacia, la felicidad del árbol
tiene sentido, pues fue bastante eficaz al darle al niño lo que le pedía (aunque sigo pensando que el niño fue terriblemente egoísta).

Como colega y como gerente a cargo de empleados, ayudarles
a las personas a ver el impacto de su trabajo o de su ayuda es uno
de los motivadores más poderosos a los que usted debería recurrir.

Estamos juntos en esto

Seré completamente honesta: nunca he sido buena para pedir ayuda. O mejor, a lo largo de mi vida, he evitado a toda costa hacerlo. Cuando estaba en secundaria, prefería no pedirle a mi mamá, quien es alemana, que me ayudara con mis difíciles tareas de traducción de alemán. En la universidad, pasaba horas buscando libros en la biblioteca solo para evitar preguntarle a la asistente de enseñanza la respuesta a una pregunta que a ella le habría tomado cinco minutos darme. Adquirí bastantes deudas durante mi posgrado, en vez de pedirles a mis padres más ayuda, solo porque me daba pena admitir que no lograba llegar a fin de mes. Limpio mi casa *antes* de que llegue la persona que la asea, solo para que ella no encuentre tanto desorden. Y la lista sigue y sigue.

Escribir este libro ha sido revelador para mí, pues me ha obligado a darme cuenta de que mi incomodidad con la búsqueda de ayuda proviene precisamente de los mismos errores que le he dicho a usted que no cometa. Me causa terror que alguien me diga que no. He asumido que las personas me verán con otros ojos por necesitar ayuda. Y lo que es peor, he creído que tener que ayudar es horrible y que yo misma no tengo derecho a pedírselo a nadie. Pero nada de eso es cierto. Ni en lo más mínimo. Las evidencias no podrían ser más claras.

Las personas son serviciales en muchas más ocasiones que cuando no lo son. Los demás no lo ven a usted con otros ojos por necesitar su ayuda. Y ayudar, siempre y cuando existan los refuerzos adecuados, se siente maravilloso. No hay mejor forma de darle a alguien la oportunidad de sentirse bien consigo mismo que pidiéndole su ayuda, pues este sentimiento saca lo mejor de todos nosotros, los seres humanos. Hace que aflore lo mejor que hay en nosotros.

Entonces, retomemos las lecciones de este libro y empecemos a aplicarlas. Y cuando surja un momento de necesidad, no dudemos en llamar a nuestros refuerzos.

Para recordar

- La eficacia es el tercer mayor refuerzo que deben tener en cuenta quienes buscan ayuda. En pocas palabras, las personas quieren saber que han marcado una diferencia.

- Por el contrario, cuando las personas tienen la idea de que su trabajo no marca ninguna diferencia, pierden la motivación. A largo plazo, no sentirse eficaz se asocia con niveles clínicos de indefensión y depresión.

- El deseo de sentirse eficaz cuando se trata de ayudar —de ver que sus esfuerzos por ayudar realmente sirven— es un refuerzo esencial tanto para mantener la motivación por ayudar como para beneficiarse de los beneficios sicológicos de brindar colaboración.

- Cuando le pida ayuda a alguien, no olvide hacer énfasis en el impacto de ese apoyo. Y cuando le agradezca a alguien por ayudar (lo cual, por supuesto, usted no olvidará), hable de los valiosos resultados de los esfuerzos de esa persona por ayudarle a usted.

Notas

Capítulo 1

1. Comunicación personal, enero 7 de 2017.

2. Michael Luo, "'Excuse Me. May I Have Your Seat?'" *The New York Times*, septiembre 14 de 2004, http://www. nytimes.com/2004/09/14/nyregion/excuse-me-may-i-have-your-seat.html.

3. Ibid.

4. N. Weinstein y R. M. Ryan, "When Helping Helps: Autonomous Motivation for Prosocial Behavior and Its Influence on Well-Being for the Helper and Recipient", *Journal of Personality and Social Psychology* 98, núm. 2 (2010): 222.

5. Matt Lieberman, Social: Why Our Brains Are Wired to Connect (Nueva York: Crown Publishers, 2013), 43.

6. David Rock, *Your Brain at Work* (Nueva York: HarperCollins, 2009).

7. K. D Williams y B. Jarvis, "Cyberball: A Program for Use in Research on Interpersonal Ostracism and Acceptance", *Behavior Research Methods* 38, núm. 1 (2006): 174–180.

Capítulo 2

1. F. J. Flynn y V. K. Lake, "If You Need Help, Just Ask: Underestimating Compliance with Direct Requests for Help", *Journal of Personality and Social Psychology* 95, núm. 1 (2008): 128.

2. Ibid.

3. Ibid.

4. V. K. Bohns "(Mis)Understanding Our Influence Over Others: A Review of the Underestimation-of-Compliance Effect", *Current Directions in Psychological Science* 25, num.2 (2016): 119–123.

5. D. A. Newark, F. J. Flynn, y V. K. Bohns, "Once Bitten, Twice Shy: The Effect of a Past Refusal on Expectations of Future Compliance", *Social Psychological and Personality Science* 5, núm. 2 (2014): 218–225.

6. Comunicación personal, enero 7 de 2017.

7. Flynn, "If You Need Help, Just Ask".

8. Comunicación personal, enero 7 de 2017.

9. Ibid.

10. Peter Economy, "Steve Jobs on the Remarkable Power of Asking for Help," Inc., June 11, 2015, http://www.inc.com/peter-economy/steve-jobs-on-the-remarkable-power-of-asking-forwhat-you-want.html.

11. R. B. Cialdini, *Influence*, Edición Revisada (Nueva York: HarperCollins, 1987).

12. R. B. Cialdini et al., "Reciprocal Concessions Procedure for Inducing Compliance: The Door-in-the-Face Technique", *Journal of Personality and Social Psychology* 31 (1975): 206–215.

Capítulo 3

1. Benjamin Franklin y Hanna Amelia (Noyes) Davidson, *Autobiography of Benjamin Franklin: With Selections from His Other Writings* (Boston: DC Heath & Co, 1908).

2. J. Jecker y D. Landy, "Liking a Person as a Function of Doing Him a Favour", *Human Relations* 22, núm. 4 (1969): 371–378.

3. M. E. McCullough, R. A. Emmons, y J. A. Tsang, "The Grateful Disposition: A Conceptual and Empirical Topography", *Journal of Personality and Social Psychology* 82, núm.1 (2002): 112.

4. F. Martela y R. M. Ryan, "The Benefits of Benevolence: Basic Psychological Needs, Beneficence, and the Enhancement of Well-Being", *Journal of Personality* 84, núm. 6 (2016): 750–764.

5. J. G. Holland, *The Life of Abraham Lincoln* (Springfield, MA: Gurdon Bill, 1866), 78–79.

6. R. B. Cialdini, B. L. Darby, y J. E. Vincent, "Transgression and Altruism: A Case for Hedonism", *Journal of Experimental Social Psychology* 9, núm. 6 (1973): 502–516.

7. M. Estrada-I-Iollenbeck y T. F. Heatherton, "Avoiding and Alleviating Guilt through Prosocial Behavior", in J. Bybee, *Guilt and Children* (Amsterdam: Elsevier, 1997), 215.

8. J. F. Helliwell y R. D. Putnam, "The Social Context of Well-Being", *Philosophical Transactions of the Royal Society B: Biological Sciences* 359, núm. 1449 (2004): 1435.

9. E. W. Dunn, L. B. Aknin, y M. I. Norton, "Spending Money on Others Promotes Happiness," *Science* 319, núm. 5870 (2008): 1687–1688; y C. E. Schwartz, P. M. Keyl, J. P. Marcum, y R. Bode, "Helping Others Shows Differential Benefits on Health and Well-Being for Male and Female Tenns," *Journal of Happiness Studies* 10, núm. 4 (2009): 431–448.

Capítulo 4

1. M. S. Hagger, N. L. Chatzisarantis, T. Culverhouse, y S. J. Biddle, "The Processes by Which Perceived Autonomy Support in Physical Education Promotes Leisure-Time Physical Activity Intentions and Behavior: A Trans-Contextual Model", *Journal of Educational Psychology* 95, núm. 4 (2003): 784.

2. G. C. Williams et al., "Motivational Predictors of Weight Loss and Weight-Loss Maintenance", *Journal of Personality and Social Psychology* 70, núm. 1 (1996): 115.

3. G. C. Williams, Z. R. Freedman, y E. L. Deci, "Supporting Autonomy to Motivate Patients with Diabetes for Glucose Control", *Diabetes Care* 21, núm. 10 (1998): 1644–1651; G. G. Williams, M. Gagné, R. M. Ryan, and E. L. Deci, "Facilitating Autonomous Motivation for Smoking Cessation", *Health Psychology* 21, núm. 1 (2002): 40; and R. M. Ryan, R. W. Plant, and S. O'Malley, "Initial Motivations for Alcohol Treatment: Relations with Patient Characteristics, Treatment Involvement, and Dropout", *Addictive Behaviors* 20, núm. 3 (1995): 279–297.

4. R. J. Vallerand, M. S. Fortier, y F. Guay, "Self-Determination and Persistence in a Real-Life Setting: Toward a Motivational Model of High School Dropout", *Journal of Personality and Social Psychology* 72, núm. 5 (1997): 1161.

5. R. M. Ryan, S. Rigby, y K. King, "Two Types of Religious Internalization and Their Relations to Religious Orientations and Mental Health", *Journal of Personality and Social Psychology* 65 (1993): 586–586.

6. J. Rodin y E. J. Langer, "Long-Term Effects of a Control-Relevant Intervention with the Institutionalized Aged", *Journal of Personality and Social Psychology* 35, núm. 12 (1977): 897.

7. D. B. Thoman, J. L. Smith, y P. J. Silvia, "The Resource Replenishment Function of Interest", *Social Psychological and Personality Science* 2, num. 6 (2011): 592–599.

8. M. R. Lepper, D. Greene, y R. E. Nisbett, "Undermining Children's Intrinsic Interest with Extrinsic Reward: A Test of the 'Overjustification' Hypothesis", *Journal of Personality and Social Psychology* 28, núm. 1 (1973): 129.

9. V. K. Bohns y F. J. Flynn, "'Why Didn't You Just Ask?' Underestimating the Discomfort of Help-Seeking", *Journal of Experimental Social Psychology* 46, núm. 2 (2010): 402–409.

10. A. M. Isen, M. Clark, y F. Schwartz, "Duration of the Effect of Good Mood on Helping: 'Footprints on the Sands of Time'", *Journal of Personality and Social Psychology* 34, núm. 3 (1976): 385.

11. F. J. Flynn, "Identity Orientations and Forms of Social Exchange in Organizations", *Academy of Management Review* 30, núm. 4 (2005): 737–750.

12. S. C. Lin, R. L. Schaumberg, y T. Reich, "Sidestepping the Rock and the Hard Place: The Private Avoidance of Prosocial Requests", *Journal of Experimental Social Psychology* 64 (2016): 35–40.

Capítulo 5

1. C. Korte, I. Ypma, y A. Toppen, A. "Helpfulness in Dutch Society as a Function of Urbanization and Environmental Input Level", *Journal of Personality and Social Psychology* 32, núm. 6 (1975): 996.

2. M. Schaller y R. B. Cialdini, "Happiness, Sadness, and Helping: A Motivational Integration", in E. T. Higgens and R. M. Sorrentino (eds.), *Handbook of Motivation and Cognition: Foundations of Social Behavior*, vol. 2 (New York: Guilford Press, 1990).

3. C. N. DeWall, R. F. Baumeister, N. L. Mead, y K. D. Vohs, "How Leaders Self-Regulate Their Task Performance: Evidence That Power Promotes Diligence, Depletion, and Disdain", *Journal of Personality and Social Psychology* 100, núm. 1 (2011): 47.

4. B. Latane, S. A. Nida, y D. W. Wilson, "The Effects of Group Size on Helping Behavior", *Altruism and Helping* -, 287-313.

5. B. Latane y J. M. Darley, "Group Inhibition of Bystander Intervention in Emergencies", *Journal of Personality and Social Psychology* 10, núm. 3 (1986): 215.

6. R. L. Shotland y M. K. Straw, "Bystander Response to an Assault: When a Man Attacks a Woman", *Journal of Personality and Social Psychology* 34, núm. 5 (1976): 990.

7. V. K. Bohns y F. J. Flynn, "'Why Didn't You Just Ask?' Underestimating the Discomfort of Help-Seeking", *Journal of Experimental Social Psychology* 46, núm. 2 (2010): 402–409.

8. R. B. Cialdini, "The Science of Persuasion", *Scientific American Mind* 14, núm. 1 (2004): 70 –77; and D. R. Shaffer, M. Rogle, and C. Hendrick, "Intervention in the Library: The Effect of Increased Responsibility on Bystanders' Willingness to Prevent a Theft", *Journal of Applied Social Psychology* 5, núm. 4 (1975): 303–319.

9. S. E. Anderson y L. J. Williams, "Interpersonal, Job, and Individual Factors Related to Helping Processes at Work", *Journal of Applied Psychology* 81, núm. 3 (1996): 282.

10. Bureau of Labor Statistics, 2009.

11. R. Manning, M. Levine, y A. Collins, "The Kitty Genovese Murder and the Social Psychology of Helping: The Parable of the 38 Witnesses", *American Psychologist* 62, núm. 6 (2007): 555.

12. Martin Gansberg, "37 Who Saw Murder Didn't Call the Police", *The New York Times*, marzo 27, 1964, http://www.nytimes.com/1964/03/27/37-who-saw-murder-didnt-call-the-police.html.

13. Sarah Kaplan, "Winston Moseley, Killer in Kitty Genovese Case That Became a Symbol of Urban Apathy, Dies in Prison at 81", *Washington Post*, abril 5, 2016, https://www.washingtonpost.com/news/morning-mix/wp/2016/04/05/winston-moseley-killer-in-kitty-genovese-case-that-became-a-symbolof-urban-apathy-dies-in-prison-at-81/.

14. J. M. Darley y B. Latane, "Bystander Intervention in Emergencies: Diffusion of Responsibility", *Journal of Personality and Social Psychology* 8, núm. 4p1 (1968): 377.

15. Lucas 10:29–37 (edición estándar revisada).

16. J. M. Darley y C. D. Batson, "'From Jerusalem to Jericho': A Study of Situational and Dispositional Variables in Helping Behavior", *Journal of Personality and Social Psychology* 27, núm. 1 (1973): 100.

Chapter 6

1. D. C. Feiler, L. P. Tost, y A. M. Grant, "Mixed Reasons, Missed Givings: The Costs of Blending Egoistic and Altruistic Reasons in Donation Requests", *Journal of Experimental Social Psychology* 48, núm. 6 (2012): 1322–1328.

2. S. B. Algoe, L. E. Kurtz, y N. M. Hilaire, "Putting the 'You' in 'Thank You': Examining Other-Praising Behavior as the Active Relational Ingredient in Expressed Gratitude", *Social Psychological and Personality Science* 7, núm. 7 (2016): 658–666.

Capítulo 7

1. K. Lagattuta y D. Weller, "Interrelations between Theory of Mind and Morality", in M. Killen, J. G. Smetana, and J. Smetana (eds.), Handbook of Moral Development (London: *Psychology Press*, 2014), 385–407.

2. H. Bernhard, U. Fischbacher, y E. Fehr, "Parochial Altruism in Humans", *Nature* 442, núm. 7105 (2006): 912–915.

3. S. M. Gaddis, "Discrimination in the Credential Society: An Audit Study of Race and College Selectivity in the Labor Market", *Social Forces* 93, núm. 4 (2014): 1451–1479.

4. C. L. Martin, "Attitudes and Expectations about Children with Nontraditional and Traditional Gender Roles", *Sex Roles* 22, núm. 3–4 (1990): 151–166.

5. J. M. Burkart, S. B. Hrdy, y C. P. Van Schaik, "Cooperative Breeding and Human Cognitive Evolution", *Evolutionary Anthropology: Issues, News, and Reviews* 18, núm. 5 (2009), 175–186.

6. H. Tajfel, "Social Psychology of Intergroup Relations", *Annual Review of Psychology* 33, núm. 1 (1982): 1–39.

7. A. P. Fiske, "The Four Elementary Forms of Sociality: Framework for a Unified Theory of Social Relations", *Psychological Review* 99, núm. 4 (1992): 689.

8. L. M. Hackel, J. Zaki, y J. J. Van Bavel, "Social Identity Shapes Social Valuation: Evidence from Prosocial Behavior and Vicarious Reward", *Social Cognitive and Affective Neuroscience* 12, núm. 8 (2017): 1219–1228.

9. D. N. Den Hartog, A. H. De Hoogh, y A. E. Keegan, "The Interactive Effects of Belongingness and Charisma on Helping and Compliance", *Journal of Applied Psychology* 92, núm. 4 (2007): 1131.

10. J. J. Van Bavel y W. A. Cunningham, "Self-Categorization with a Novel Mixed-Race Group Moderates Automatic Social and Racial Biases", *Personality and Social Psychology Bulletin* 35, núm. 3 (2009): 321–335.

11. P. B. Carr, y G. M. Walton, "Cues of Working Together Fuel Intrinsic Motivation", *Journal of Experimental Social Psychology* 53 (2014): 169–184.

Capítulo 8

1. N. Schwarz et al., "Ease of Retrieval as Information: Another Look at the Availability Heuristic", *Journal of Personality and Social Psychology* 61, núm. 2 (1991): 195.

2. W. B. Swann et al., "Allure of Negative Feedback: Self-Verification Strivings among Depressed Persons", *Journal of Abnormal Psychology* 101, núm. 2 (1992): 293.

3. C. J. Bryan, G. M. Walton, T. Rogers, y C. S. Dweck, "Motivating Voter Turnout by Invoking the Self", *Proceedings of the National Academy of Sciences* 108, núm. 31 (2011): 12653–12656.

4. Francesca Gino y Adam Grant, "The Big Benefits of a Little Thanks", *Harvard Business Review*, noviembre 2013, https://hbr.org/2013/11/the-big-benefits-of-a-little-thanks.

5. S. Clayton, A. Koehn, y E. Grover, "Making Sense of the Senseless: Identity, Justice, and the Framing of Environmental Crises", *Social Justice Research* 26, núm. 3 (2013): 301–319.

6. C. Wolsko, H. Ariceaga, y J. Seiden, "Red, White, and Blue Enough to Be Green: Effects of Moral Framing on Climate Change Attitudes and Conservation Behaviors", *Journal of Experimental Social Psychology* 65 (2016): 7–19.

7. M. Koo y A. Fishbach, "Giving the Self: Increasing Commitment and Generosity through Giving Something That

Represents One's Essence", *Social Psychological and Personality Science* 7, núm. 4 (2016): 339–348.

Capítulo 9

1. G. Oettingen et al., "Nonconscious Goal Pursuit: Acting in an Explanatory Vacuum", *Journal of Experimental Social Psychology* 42, núm. 5 (2006): 668–675.

2. Martin E. Seligman, *Learned Optimism*: How to Change Your Mind and Your Life (New York: Vintage, 2001).

3. L. B. Aknin et al., "Making a Difference Matters: Impact Unlocks the Emotional Benefits of Prosocial Spending", *Journal of Economic Behavior & Organization* 88 (2013): 90–95.

4. K. D. Smith, J. P. Keating, y E. Stotland, "Altruism Reconsidered: The Effect of Denying Feedback on a Victim's Status to Empathic Witnesses", *Journal of Personality and Social Psychology* 57, núm. 4 (1989): 641.

5. K. Jenni and G. Loewenstein, "Explaining the Identifiable Victim Effect", *Journal of Risk and Uncertainty* 14, núm. 3 (1997): 235–257; and D. A. Small and G. Loewenstein, "Helping a Victim or Helping the Victim: Altruism and Identifiability", *Journal of Risk and Uncertainty* 26, núm. 1 (2003): 5–16.

6. A. M. Grant, "Does Intrinsic Motivation Fuel the Prosocial Fire? Motivational Synergy in Predicting Persistence, Performance, and Productivity", *Journal of Applied Psychology* 93, núm. 1 (2008): 48.; and A. M. Grant et al., "Impact and the Art of Motivation Maintenance: The Effects of Contact with Beneficiaries on Persistence Behavior", *Organizational*

Behavior and Human Decision Processes 103, núm. 1 (2007): 53–67.

7. A. M. Grant y F. Gino, "A Little Thanks Goes a Long Way: Explaining Why Gratitude Expressions Motivate Prosocial Behavior", *Journal of Personality and Social Psychology* 98, núm. 6 (2010): 946.

8. A. M. Grant, "Leading with Meaning: Beneficiary Contact, Prosocial Impact, and the Performance Effects of Transformational Leadership", *Academy of Management Journal* 55, núm. 2 (2012): 458–476.

9. K. Lanaj, R. E. Johnson, y M. Wang, "When Lending a Hand Depletes the Will: The Daily Costs and Benefits of Helping", *Journal of Applied Psychology* 101, núm. 8 (2016): 1097.

Agradecimientos

Acabo de escribir un libro acerca de cómo lograr que la gente nos ayude. Y si usted dudaba si estoy calificada para escribirlo, permítame calmar sus miedos contándole que he recibido muchísima ayuda a lo largo del camino, entonces, es obvio que sé sobre qué y cómo hacer para conseguirla, ¿verdad?

Estoy agradecida, como siempre, con mi mamá, Sigrid Grant, quien ha sido mi mayor apoyo y mi mejor consejera. Mi mamá me ayuda, literalmente, con todo y yo ni siquiera *tengo* que pedírselo. ¡Así de buena es ella!

Otra persona así de buena también es mi extraordinaria editora y, prácticamente, coautora de este libro, Sarah Green Carmichael. Afirmar que ella salvó este libro, además de mi cordura, no es una exageración en lo más mínimo. Sus ideas y su dirección están en todo lado, en cada página. Si usted lo disfrutó y lo encontró útil, agradézcaselo a Sarah.

También estoy agradecida con el increíblemente paciente y motivador Tim Sullivan, Director Editorial de *Harvard Business Review Press*, quien me ayudó a darle forma a la idea del libro y luego esperó sin quejarse nunca de que yo no encontrara el tiempo de, por fin, sentarme a escribirlo.

A propósito, un gran agradecimiento a todos los que trabajaron en este libro en HBR y a los que estuvieron antes de ellos.

Este libro, así como todos los que he escrito, se lo debo en particular a mi amigo y fabuloso agente literario Giles Anderson, quien tiene el talento particular de decirme cuáles de mis ideas son buenas y cuáles apestan. Hasta el momento, ha desechado muchísimas de ellas. Giles, te agradezco por hacer posible mi carrera como escritora.

Gracias también a mis amigos y colegas que me ayudaron a darle forma a las ideas que se encuentran en este libro, quienes me hablaron de interesantes investigaciones e historias y de todas las cosas que podrían haberme hecho falta. Les agradezco a Drake Baer, Vanessa Bohns, Jay Dixit, Adam Grant (en serio, no hay relación), Tory Higgins, David Rock, Thomas Wedell-Wedellsborg, Tessa V. West y Jay Van Bavel.

Y a nivel personal le agradezco a Joseph Francis por ser siempre el amigo que necesito, en todas las formas posibles. De alguna manera, convertiste uno de los momentos más difíciles de mi vida en uno de los más felices.

Por último, les agradezco a mis dos hijos, Annika y Max. Para ser honesta, en realidad ellos no me ayudaron con el libro, ¡pero hacen que mi vida sea genial!

Cómo lograr que la gente esté de su lado

Su guía para encontrar **refuerzos** que le ayuden a alcanzar sus metas

---

Esta obra se terminó de imprimir en
Abril 2020 en FAGSA México.
Félix U. Gómez Nte. 2818, Col.
Cementos, CP 64520 Monterrey,
Nuevo León. México.